OS CHAKRAS
e os
Campos de Energia Humanos

SHAFICA KARAGULLA, M.D.
DORA VAN GELDER KUNZ

OS CHAKRAS
e os
Campos de Energia Humanos

Tradução
CLAUDIA GERPE DUARTE

Editora
Pensamento
SÃO PAULO

Título original: *The Chakras and the Human Energy Field*.

Copyright © 1989 Dora van Gelder Kunz.

Esta edição foi publicada mediante acordo com The Theosophical Publishing House, 306 West Geneva Road, Wheaton, IL 60189 USA.

Copyright da edição brasileira © 1991 Editora Pensamento-Cultrix Ltda.

1ª edição 1991.

15ª reimpressão 2020.

Todos os direitos reservados. Nenhuma parte deste livro pode ser reproduzida ou usada de qualquer forma ou por qualquer meio, eletrônico ou mecânico, inclusive fotocópias, gravações ou sistema de armazenamento em banco de dados, sem permissão por escrito, exceto nos casos de trechos curtos citados em resenhas críticas ou artigos de revistas.

A Editora Pensamento não se responsabiliza por eventuais mudanças ocorridas nos endereços convencionais ou eletrônicos citados neste livro.

Direitos de tradução para a língua portuguesa adquiridos com exclusividade pela EDITORA PENSAMENTO-CULTRIX LTDA., que se reserva a propriedade literária desta tradução.
Rua Dr. Mário Vicente, 368 – 04270-000 – São Paulo, SP – Fone: (11) 2066-9000
http://www.editorapensamento.com.br
E-mail: atendimento@editorapensamento.com.br
Foi feito o depósito legal.

Sumário

Prefácio por Dora van Gelder Kunz 7
Agradecimentos 9
Introdução por Shafica Karagulla, M.D. 11

1 - UMA NOVA VISÃO DA NATUREZA HUMANA

Capítulo I   - O Despertar de uma Nova Consciência 18
Capítulo II   - Rompendo a Barreira dos Sentidos 22

2 - OS CAMPOS E OS CHAKRAS

Capítulo III   - Os Três Campos do Eu Pessoal 28
Capítulo IV   - A Estrutura e o Funcionamento do Corpo Etérico   31
Capítulo V   - O Papel dos Chakras 35
Capítulo VI   - O Corpo Astral e as Emoções 46
Capítulo VII   - As Dimensões Superiores da Consciência 55

3 - A CLARIVIDÊNCIA COMO FERRAMENTA DE DIAGNÓSTICO

Capítulo VIII - Os Antecedentes da Pesquisa sobre a Clarividência   64
Capítulo IX   - O Emprego da Clarividência na Pesquisa 72

4 - OBSERVAÇÕES SOBRE O PROCESSO DA DOENÇA

Capítulo X   - As Variações do Campo Etérico 80
Capítulo XI   - Os Chakras e as Glândulas Endócrinas 84
Capítulo XII   - Doenças Relacionadas com a Consciência e o Cérebro 105

Capítulo XIII - Os Efeitos das Drogas e Outros Modificadores
                 dos Campos 120
Capítulo XIV - Os Efeitos da Excisão Cirúrgica 128

5 - O PAPEL DA CONSCIÊNCIA

Capítulo XV   - Os Efeitos das Alterações na Consciência 138
Capítulo XVI - A Dinâmica da Cura 143
Capítulo XVII - Em Direção ao Futuro
                 Primeira Parte: Shafica Karagulla 152
                 Segunda Parte: Dora van Gelder Kunz 155

APÊNDICE: HISTÓRICO DE DOENÇAS

O Chakra Coronário 157
O Chakra Frontal 162
O Chakra Laríngeo 166
O Chakra do Coração 172
O Chakra Umbilical 173
O Chakra Esplênico ou do Baço 177
A Consciência 180
Os Curadores 186

Bibliografia 192
Índice Remissivo 193

Prefácio

DORA VAN GELDER KUNZ

Minha parceria com a Dra. Shafica Karagulla começou na cidade de Nova York pouco depois de nos termos conhecido nos anos cinqüenta, e a maior parte das investigações que realizamos no campo da clarividência ocorreram na década seguinte, embora tenhamos trabalhado de forma intermitente depois que ela se mudou para a Califórnia na década de sessenta. A Dra. Karagulla estava basicamente interessada na pesquisa relacionada com os processos de doenças ligadas aos chakras, e conseqüentemente a maioria dos nossos casos teve essa orientação.

Na maior parte dos vinte anos transcorridos depois que realizamos esse trabalho conjunto, o foco principal do meu interesse passou a ser terapêutico, e meus esforços se concentraram em ajudar pessoas com doenças graves e que estavam sofrendo. Essa mudança de ênfase do meu trabalho foi gradual, embora tenha recebido um impulso maior a partir do desenvolvimento de um método de cura denominado "Therapeutic Touch",* criado por mim e Dolores Krieger, e que foi transmitido a milhares de enfermeiras.

Durante os anos seguintes, observei centenas de pacientes sofrendo de uma quantidade enorme de doenças, tendo aprendido portanto muito mais a respeito do processo das enfermidades do que na época das minhas investigações com a Dra. Karagulla. Na verdade, nunca realmente exploramos juntas os aspectos terapêuticos da nossa pesquisa.

Conheci a Dra. Viola Petitt Neal, professora de Shafica Karagulla e sua melhor amiga, mas ela não participou do trabalho que realizávamos na cidade de Nova York. Posteriormente, quando passaram a morar juntas na Califórnia, vim a conhecê-la bem melhor, além de apreciar sua devoção aos princípios religiosos. Ela se interessou bastante pelo projeto do livro, e colaborou na elaboração do perfil das idéias básicas dos três primeiros capítulos.

Durante minhas visitas à Califórnia, a Dra. Karagulla conversou comigo a respeito da possibilidade de organizar nosso material de pes-

---

* Toque Terapêutico (N.T.).

quisa reescrevendo-o para que fosse publicado em forma de livro. Antes de morrer, a Dra. Neal participou de muitas dessas conversas. Nós três sempre concordamos que eu seria responsável pela revisão do original, efetuando as alterações que julgasse necessárias. A Dra. Karagulla costumava me manter informada a respeito do seu progresso, e telefonou-me para falar sobre o assunto uma semana antes da sua morte repentina e inesperada, que representou um grande choque para todos nós.

Algumas semanas após o acidente fatal, o material para o livro chegou às minhas mãos, uma vez que sua família decidira que ele deveria me ser entregue e que eu teria os direitos globais de supervisionar a publicação da obra. Eu imaginara que o original estivesse pelo menos quase concluído, e fiquei surpresa ao constatar que muitos dos capítulos não passavam de meras anotações. Cheguei à conclusão de que seria preciso muito trabalho para que o livro ficasse pronto para ser publicado, e pedi então à minha amiga Emily Sellon, redatora profissional, que empreendesse a tarefa. Em conseqüência disso, o original planejado pela Dra. Karagulla e pela Dra. Neal teve que ser extensivamente revisto, pelo que eu assumo total responsabilidade. Até mesmo o título foi alterado, embora isso já tivesse sido acertado antes da morte da Dra. Karagulla.

Em virtude dessas difíceis circunstâncias, é preciso que se entenda que este livro contém uma mistura de opiniões e contribuições. Para que a obra tomasse um aspecto coerente, esses pontos de vista foram combinados e moldados em sua forma final pela Sra. Sellon.

Shafica Karagulla foi uma amiga muito querida e uma pessoa extraordinária que combinava o profissionalismo médico e científico com uma mente totalmente aberta ligada a um profundo interesse pelas áreas ainda não exploradas. No decorrer de nossa longa amizade, seu entusiasmo com relação às possibilidades abertas pelas nossas investigações jamais esmoreceu. Este livro nunca poderia ter se tornado uma realidade sem o seu interesse sério e sistemático, e oferecemos a ela como um tributo nossos esforços para torná-lo interessante e compreensível.

Agradecimentos

Agradecemos a todos os que contribuíram financeiramente para a pesquisa na qual este livro se baseia: à Eliot D. Pratt Foundation, que fez a doação inicial de três anos sem a qual as investigações jamais poderiam ter começado; a Trudy Pratt e seu falecido marido, Elliot, por seu espírito pioneiro ao apoiar o projeto. A todos os que contribuíram junto à Eliot D. Pratt Foundation apoiando a pesquisa na área da percepção sensorial superior: Rebekah Harkness e a Harkness Foundation; a Lester Finkelstein Foundation, e Irene e o falecido Lester Finkelstein.

Àqueles que ajudaram a manter a Higher Sense Perception Research Foundation: The Boston Foundation, Annabelle Markson e a falecida Yoland Markson; Lynn Charleson por seu permanente apoio; Tom e Gayle den Dass; The Midway Foundation; e The John E. Fetzer Foundation.

Àqueles que cederam gratuitamente seu tempo para a pesquisa de seus dons de percepção sensorial superior, especialmente Frances Farrelly, cujo excepcional bom humor e bom senso tornaram mais leve o esforço dos repetidos experimentos.

A Eloise Doerfler, que cedeu gratuitamente seu tempo durante cinco anos transcrevendo fielmente os dados e garantindo sua precisão; sem sua paciência e seu apoio teria sido impossível realizar a tarefa.

Às secretárias que transcreveram os dados, atividade que se estendeu por muitos anos: Evelyn Petersen, Helen English, e Maxine Friend.

A Irene Bagge por ter lido o original da obra apresentando sugestões bastante úteis.

À Theosophical Publishing House, por permitir o emprego das gravuras coloridas e outras ilustrações de *Os Chakras* de C.W. Leadbeater.

Finalmente, aos parentes próximos de Shafica Karagulla, Basim Azzam e Fahmi Karagulla, cuja generosa ajuda financeira tornou possível a organização da pesquisa, além de garantir que suas necessidades pessoais fossem atendidas, permitindo desse modo que ela ficasse livre para dedicar seu tempo a organizar e redigir os históricos das doenças.

Introdução

SHAFICA KARAGULLA

Um sussurro perene, que se repete dia e noite:
Algo oculto. Vai buscá-lo.
Vai procurar atrás das Cordilheiras,
Algo perdido atrás das Cordilheiras,
Perdido e esperando por ti. Vai!
Rudyard Kipling, *The Explorer*

Há mais de cinqüenta anos, minha professora, amiga, colega e companheira de pesquisa, Viola Petitt Neal, escreveu o poema acima no meu livro de autógrafos da escola secundária, e suas linhas têm ressoado repetidamente na minha mente. Mas o que é que estava oculto e que devo encontrar?

Como médica, sentia-me atraída pelo funcionamento da mente humana, da consciência do homem com suas infinitas formas de expressão. Como neuropsiquiatra, estudava suas manifestações anormais sob a forma de alucinações, ilusões, delírios, além da perda de discernimento com relação ao comportamento pessoal, que abrangia muitas formas de doenças cerebrais que resultavam em infecções, atrofias, ou câncer.

A pesquisa do Dr. Wilder Penfield sobre a estimulação elétrica do cérebro de pacientes epilépticos no estado consciente proporcionou-me uma outra amplitude de entendimento. Tudo isso foi o prelúdio do estudo dos níveis superiores de percepção que a mente humana é capaz de atingir. A descoberta de alguns indivíduos que haviam ultrapassado a barreira dos cinco sentidos foi o desvio seguinte que me forçou a "procurar atrás das cordilheiras".

Como poderia alguém comprovar a capacidade de percepção superior naqueles que afirmavam possuí-la? A busca empreendida para descobrir aquilo que estava "oculto" levou-me até a Sra. Kunz e outras pessoas inteligentes que me ajudaram a compreender parte do mistério que é o homem. A pesquisa na qual este livro se baseia originou-se de um esforço para mostrar que a informação obtida através da percepção superior possui uma base significativa e comprovável. Comecei posteriormente a vislumbrar as verdadeiras causas das doenças que dão origem a distúrbios físicos e psíquicos, passando também a revelar as maneiras pelas quais a dor pode ser aliviada e a saúde restabelecida.

Aprendemos com os clarividentes que a personalidade encerra três tipos de campos de energia — o etérico ou vital, o astral ou emocional, e o mental — todos os quais envolvem e penetram cada célula do corpo físico. A interação desses três campos pode ser comparada ao que um músico denomina acorde principal, e que se compõe de três freqüências que ao se combinarem com quatro outras notas formam uma oitava de sete freqüências. Algumas pessoas afirmam que cada ser humano emite um padrão tonal único, que é criado pelos seus campos de energia individuais funcionando em uníssono. Esse processo é às vezes denominado nota da personalidade. Um tom perfeito indica saúde, ao passo que a dissonância nos campos e nos seus centros principais implica doença. Tudo isso será abordado nos capítulos que se seguem.

Este livro representa um esforço de integrar a ciência da medicina numa investigação dos aspectos e energias mais sutis da personalidade humana, de modo a demonstrar sua estreita e complexa interdependência.

Cada uma das três pessoas que contribuíram para a preparação do material deste livro é versada num determinado campo de conhecimento. A Dra. Neal é responsável por sugerir a análise da constituição do homem,[1] fundamentada em conceitos teosóficos e esotéricos; a Sra. Kunz é responsável pelas observações clarividentes; pelo meu lado, sou responsável pela seleção e correlação dos dados apresentados e pela interpretação médica.

A Dra. Viola Petitt Neal estudou física, química e psicologia na faculdade, tendo obtido o grau de Ph.D em filosofia na London University, estando seu trabalho primordialmente voltado para as religiões secretas do Oriente Médio. Subseqüentemente, passou a ensinar durante mais de trinta e cinco anos o que é amplamente denominado "a Filosofia Perene", tanto particularmente como nos campus das universidades da Califórnia. Ela colaborou comigo no livro *Breakthrough to Creativity*, embora seu nome não apareça na capa. Em 1978 ela publicou um livro de poemas de sua autoria denominado *Fragments of Experience: A Spiritual Journey*, e em *Through the Curtain* (Neal e Karagulla, 1983) ela deu provas de sua percepção de diversas dimensões de realidade e de estados de consciência.[2]

Dora van Gelder Kunz nasceu com uma capacidade excepcional de clarividência numa família em que sua mãe e avó possuíam

---

1. Quando a Dra. Karagulla redigiu há muitos anos atrás o resultado da sua pesquisa, empregou o termo "homem" com o sentido de espécie humana, o qual, é claro, inclui as mulheres. O termo e os pronomes que lhe são relacionados representam um recurso conveniente e esperamos não ofender nossos leitores.

2. Em decorrência do falecimento prematuro da Dra. Neal em 1981, antes da conclusão do original, as seções baseadas no seu material foram revistas por Emily B. Sellon com o objetivo de apresentar de forma mais completa a visão esotérica do homem, uma vez que ela constitui a base indispensável na qual se fundamenta esta obra.

dons semelhantes. Durante a infância, suas faculdades paranormais se desenvolveram em virtude de sua associação com o clarividente inglês, Charles W. Leadbeater, autor das conhecidas obras *Os Chakras* e *Man Visible and Invisible*.* Sua capacidade de perceber e estudar as fadas, os anjos e outros espíritos da natureza deu origem a dois trabalhos: uma monografia sobre os reinos angélicos denominada *The Christmas of the Angels*, e *The Real World of Fairies*,** livro que nos fornece uma imagem encantadora e heterodoxa dos espíritos da natureza que sempre fizeram parte de todas as tradições culturais.

A Sra. Kunz foi a sensitiva chamada "Diane" e "DVG" do meu livro, *Breakthrough to Creativity*. Ela possui o dom de perceber não somente o campo etérico ou vital e seus principais centros de energia (chakras), como também o campo astral (emocional) e o mental com seus centros correspondentes. Esta faculdade natural foi desenvolvida tendo alcançado um elevado grau de precisão através de seu paciente esforço de realizar uma observação cuidadosa e detalhada, uma interpretação traquejada, e uma correlação com históricos de doenças. Ela trabalhou com outros médicos no diagnóstico de casos difíceis ou ambíguos, tendo se dedicado nos últimos anos ao ensino e à prática de um método de cura conhecido como "Toque Terapêutico", que ela desenvolveu juntamente com sua colega, a Dra. Dolores Krieger.

Durante o período de 1975 a 1987, a Sra. Kunz foi presidente da The Theosophical Society in America e editora de seu periódico *The American Theosophist*; depois de deixar o cargo, passou a dedicar a maior parte do seu tempo ao trabalho de cura. Em virtude da sua habilidade de perceber simultaneamente as causas da doença e a eficácia do processo de cura, ela acrescenta uma dimensão inestimável à nossa compreensão do mecanismo da saúde e da doença.

Quanto a mim, sou médica e minha especialidade é a neuropsiquiatria. Depois do meu treinamento em psiquiatria na University of Edinburgh sob a orientação de *Sir* David K. Henderson, dediquei-me a uma pesquisa que exigiu uma análise minuciosa dos históricos das doenças mentais que envolviam vários tipos de alucinações, como escutar vozes, ter visões, e ter sensações anormais. Em alguns casos, estas estavam definitivamente relacionadas com a lesão cerebral, como a paralisia generalizada nos loucos, a doença de Alzheimer, ou condições tóxicas como na intoxicação por bromo.

Neste ínterim, o trabalho do Dr. Wilder Penfield do Montreal Neurological Institute do Canadá despertou minha atenção. Seu livro, *The Cerebral Cortex of Man*, descreveu a indução de alucina-

---

* Publicado em português pela Editora Pensamento sob o título de *Homem Visível e Invisível*.

** Publicado em português pela Editora Pensamento sob o título de *O Mundo Real das Fadas*.

ções e outras experiências incomuns em pacientes epilépticos que estavam se submetendo a cirurgias cerebrais completamente despertos. Sentindo-me atraída pelo seu trabalho de determinar as diferentes funções do córtex cerebral, fui ao Canadá, onde fui favorecida com a oportunidade de trabalhar por mais de três anos e meio com o Dr. Penfield. Parte da pesquisa que realizei na ocasião foi publicada num ensaio no *British Medical Journal* em 1955, denominado "Psychical Phenomena in Temporal Lobe Epilepsy and the Psychoses" (Karagulla e Robertson). Nesse ensaio, ressaltamos a semelhança das experiências alucinatórias entre os fenômenos psíquicos na epilepsia do lobo temporal e na esquizofrenia.

Pouco tempo depois, fui convidada a ir aos Estados Unidos para continuar minha pesquisa sobre a esquizofrenia, e lá fui nomeada professora assistente de psiquiatria na Universidade de Nova York. Ainda buscando uma solução para os diferentes tipos de alucinação nos pacientes com doenças mentais, senti a necessidade de ler alguns livros heterodoxos a respeito da mente humana e do seu potencial, que meu treinamento neuropsiquiátrico não havia incluído.

Assim sendo, antes de me aventurar nessa nova área, eu me dedicara durante mais de doze anos a pesquisar a mente humana, em pessoas tanto mentalmente doentes como sadias, e meu treinamento neuropsiquiátrico foi do tipo usual, totalmente acadêmico e científico. Meus interesses, contudo, eram bem menos ortodoxos. Todo o material que eu estava lendo parecia indicar a existência de uma visão bem mais complexa da natureza do homem, transcendendo as limitações do cérebro e dos cinco sentidos físicos, desafiando ainda os conceitos médicos conservadores.

Comecei então a efetuar minhas próprias investigações. Parte da pesquisa que realizei na ocasião no campo da paranormalidade foi publicada em 1967 em *Breakthrough to Creativity*, a qual apresentou provas documentadas relativas às oitavas superiores da nossa percepção sensorial. Era preciso, segundo minha opinião, descobrir e analisar os mecanismos que governam essas dimensões superiores da percepção. Como surgem, e como funcionam? Não existe nada "sobrenatural" no universo; essa impressão sobre qualquer fenômeno resulta do nosso desconhecimento das leis que o governam.

A publicação desse livro deu origem a inúmeras cartas de médicos, cientistas e de outras pessoas com experiências semelhantes, o que me levou a realizar novas pesquisas com a ajuda de pessoas talentosas como a Sra. Kunz. Como resultado, comecei a compreender, pelo menos em parte, o mecanismo dessas habilidades.

Essa e outras pesquisas apontam de forma significativa para o fato de que, além dos campos elétrico e magnético, que envolvem todos os eventos físicos, existem outros tipos de energia e freqüências que ainda não podem ser detectadas por qualquer instrumento até agora inventado. Por esse motivo, o ser humano bem dotado é o único "instrumento" até agora disponível para o tipo de pesquisa que relaciona as percepções clarividentes com os diagnósticos clínicos. No caso específico da Sra. Kunz, exigi que suas observações fossem o mais detalhadas possível.

No nosso trabalho conjunto, fiz o papel do pesquisador e ela o do observador. Nosso método teve início com pessoas comuns e saudáveis sendo-lhe apresentadas, para que eu pudesse aprender como e o que ela percebia. Depois de um ano, eu já era capaz de elaborar um esboço das diversas características que deveriam ser pesquisadas durante a análise do estado de saúde ou de doença; a partir daí, passamos a seguir sistematicamente essas diretrizes em todos os casos.

Estudamos inicialmente as características gerais do corpo etérico ou vital, seu relacionamento com os vórtices de energia, ou chakras, dentro do campo, os efeitos destes últimos sobre as glândulas endócrinas, e como eles se relacionavam com outros centros. Posteriormente, observamos parte do campo emocional e mental com seus correspondentes vórtices de energia, mas é preciso que seja efetuada uma pesquisa mais profunda desses aspectos do complexo humano.

O ambulatório de doenças endócrinas de um dos mais prestigiados centros médicos de Nova York foi a principal fonte de nossos dados clínicos. A Sra. Kunz jamais conversou com qualquer um dos pacientes. Ela apenas os observava a distância de alguns metros, sentada na parte posterior da sala de espera do ambulatório.

Vale dizer que a Sra. Kunz estava acostumada a ver pessoas fisicamente saudáveis ou emocionalmente perturbadas; ela estava agora observando sistematicamente, pela primeira vez, o campo etérico e os chakras de pacientes gravemente doentes, de alguns dos quais tinham sido removidas glândulas ou partes do corpo. Descobrimos que as anormalidades observadas nos principais chackras etéricos indicavam a tendência para um determinado processo de enfermidade, e também que a área onde esta iria ocorrer podia ser prevista anos antes de os sintomas começarem a se manifestar.

À medida que nossos estudos prosseguiam, descobrimos que algo que talvez dê a impressão de se originar numa dimensão, como, por exemplo, no nível etérico, pode na verdade derivar de um nível mais profundo, como o emocional ou o mental. Anormalidades e tumores na glândula tireóide podem parecer oriundos do centro laríngeo etérico, mas uma observação posterior poderá demonstrar que a causa está nas emoções, do mesmo modo como as doenças físicas parecem ter sua origem no nível etérico.

Vamos apresentar históricos de doenças não apenas para ilustrar este ponto, como também para reforçar nossa teoria de que o ser humano é uma rede complexa de processos interligados que são alimentados pelas energias que surgem de três ou mais campos universais, onde todos desempenham um papel vital na saúde e na doença.

Os temas principais das Partes 1, 2 e 3 deste livro se propõem a apresentar um contexto histórico para a pesquisa da clarividência, bem como a introduzir um breve esboço da constituição do homem segundo a tradição esotérica. A Parte 4 apresenta uma pesquisa dos aspectos da personalidade humana em que a observação clarividente percebe a saúde como um estado de harmonia e a doença como um estado de dissonância, correlacionada com provas clínicas relacionadas com o estado físico dos indivíduos; e a Parte 5 analisa o papel da consciência como um importante fator tanto na saúde quanto na doença, bem como na mudança e no crescimento pessoal, apresentando ainda uma nota final a respeito de para onde esse tipo de investigação poderá nos conduzir no futuro.

1
UMA NOVA VISÃO DA NATUREZA HUMANA

I

O Despertar de uma Nova Consciência

Ondas de mudança varrem hoje este nosso mundo, eliminando antigos preconceitos, abalando a estabilidade das instituições e a permanência das "verdades" sempre tidas como certas. Existem todos os indícios de que nos encontramos no despertar de uma nova era de descobrimento e realização humana. Muitas pessoas estão assombradas com a marcha da mudança, receosas de que sejamos incapazes de controlar as descobertas e as técnicas sem precedentes que estão abrindo novas áreas de conhecimento a respeito da natureza; já outras dão as boas-vindas ao desafio. Todas, porém, reconhecem que a imagem do mundo irá sofrer dramáticas alterações nas próximas décadas.

Estamos rompendo as fronteiras do espaço acima e além do nosso planeta, além de estarmos perscrutando os diminutos espaços internos da matéria física. Essas duas realizações nos deslocam de forma multidimensional na direção de novos níveis de espaço-tempo com energias até este ponto desconhecidas. A idéia de que a antiga imagem científica do mundo material sólido desapareceu tendo surgido em seu lugar um universo carregado de fantásticas energias tornou-se um fato comum, se bem que aterrador, do século XX. Nos anos que se seguiram à divisão do átomo, descobrimos que a organização e o comportamento da esfera atômica são estáveis e duradouros, dando portanto ao mundo a aparência de uma forma sólida, mas que as energias dessa esfera estão se deslocando a velocidades incríveis. Essa nova compreensão do universo como um padrão estável no qual se deslocam, entrando e saindo, tremendas cargas de energia, requer uma mudança na nossa visão do mundo – um conceito da realidade totalmente diferente do originário da ciência materialista do século XIX.

Até recentemente, nós, seres humanos, vimos nos dedicando aos nossos jogos de guerra e paz, acreditando confiantemente que poderíamos controlar a mudança e aumentar a qualidade da vida pela simples manipulação do meio ambiente: a tecnologia aplicada iria criar uma sociedade perfeita. Mas, para nossa tristeza, descobrimos que o cenário mundial é dominado pelos fatores humanos, aparentemente incontroláveis. Também estamos começando a perceber que são os aspectos mais sutis da vida — imprevisíveis, difíceis de identificar, impossíveis de medir — que governam o comportamento humano. E ao transcendermos a esfera puramente humana, alcançando a natureza universal da qual fazemos parte, passamos a compreender que a vida é um relacionamento extremamente complexo do indivíduo com seu meio ambiente, e que este último não é de modo algum limitado, incluindo a Terra e até mesmo todo o universo.

Esta crescente percepção do inter-relacionamento de todas as coisas vivas tem inúmeras implicações. Entretanto, no que tange aos nossos objetivos, concentramo-nos no fato de que existe uma troca permanente de energia entre o indivíduo e o ambiente que cada sistema vivente (seja humano, animal, vegetal, ou até mesmo químico) regula em função da sua auto-organização. Essa troca de energia é tão constante e indispensável para todos os organismos vivos que pode ser encarada como um efeito de campo universal. Analisamos esse tema com alguma profundidade na seção sobre *Os Campos e os Chakras*. Mas queremos observar aqui em particular que a auto-regulação na natureza é conquistada a partir do interior, não sendo imposta pelo exterior, e que isso implica um certo grau de controle consciente, mesmo que a consciência nesse contexto seja muito diferente daquela que vivemos no nível humano. Erich Jantsch escreveu em sua obra *The Self-Organizing Universe*: "Se a consciência for definida como sendo o grau de autonomia que um sistema obtém nas relações dinâmicas com seu meio ambiente, até mesmo os mais simples... sistemas como as estruturas químicas dissipáveis possuem uma forma primitiva de *consciência*" (p. 40). O papel de total penetração da consciência em todos os níveis de organização é um importante postulado no trabalho exposto neste livro.

As implicações deste paradigma que surge ainda não foram avaliadas. O que é a vida, e o que significa ser um organismo vivo integral, ativo e saudável, é encarado agora como um processo multidimensional, que envolve um equilíbrio delicado e dinâmico de muitos sistemas de energia e níveis de integração. Acrescentamos ainda a essa lista muitos níveis de consciência, até mesmo dentro do organismo físico em si, pois cada um desses sistemas "conhece" sua própria função. Além disso, esses níveis mais sutis de existência são universais (pelo menos no que diz respeito a esta terra), uma vez que as energias envolvidas fazem tanto parte da existência quanto as forças da gravidade ou o eletromagnetismo. Nenhuma partícula viva pode lhes escapar. Desse modo, já estamos ultrapassando uma interpretação puramente mecânica da vida.

A noção dos campos é ensinada a todas as crianças em idade escolar, através do experimento que prova que com campo elétrico se estabelece quando a eletricidade passa através de um fio. Outros fenômenos do campo físico também podem ser facilmente demonstrados, embora a descoberta dos campos nucleares exija um equipamento mais sofisticado. Mas a vida universal ou campo vital (postulado neste livro) é bem mais difícil de ser demonstrado de forma palpável, pois ainda não existem instrumentos científicos capazes de detectar a presença desse campo. Contudo, a "vida", mesmo que ainda não definida, é real, e os seres vivos (como sistemas abertos) possuem características específicas não compartilhadas com a matéria inorgânica. A mais importante é a capacidade de renovar a energia (que denominamos vitalidade) na ausência de um agente externo, algo que nenhuma máquina consegue fazer.

O conceito de que a Terra está encerrada numa série de campos universais é ampliado nesta obra, passando a incluir não apenas a energia vital (cujos efeitos sobre os processos físicos como o sistema imunológico ainda não puderam ser avaliados), como também a mente e a emoção, que aceitamos como características concomitantes da vida. Todas as criaturas vivas manifestam a escolha (gostos e aversões), bem como a vontade; a vida é um processo de aprendizado, e evolução implica um crescimento do conhecimento assimilado.

Esse processo é extremamente rápido nos seres humanos, mas ao mesmo tempo a assimilação do conhecimento se torna mais crítica para nós, pois envolve a forma como esse conhecimento é empregado. A autocompreensão e uma estimativa das possibilidades mais elevadas do espírito humano tornaram-se imperativas para a nossa própria sobrevivência.

Na nova visão da vida humana que acaba de emergir, considera-se que os recursos internos do homem incorporem não apenas seus sistemas físicos como também um processo para a renovação da vitalidade, e uma reserva quase que intocada de energias superiores que podem conciliar e unir a mente e as emoções ao corpo físico, intensificando toda a vida.

Quais são algumas das implicações?

À medida que os seres humanos se tornam cada vez mais conscientes de que o corpo é um veículo que o eu usa visando seus próprios objetivos (quer sejam bons ou maus, construtivos ou destrutivos), essa autopercepção que se desenvolve produz correntes de inquietação, como as que varrem hoje povos e nações. A liberdade de expressão pessoal é o critério em que se baseia a vida moderna. Embora alguns dos resultados desse fenômeno sejam negativos e até mesmo destrutivos, ele indica que o eu que desperta no homem está tentando explorar aspectos mais complexos da sua própria natureza, bem como amplitudes mais amplas de experiência.

Certos aspectos desse novo desenvolvimento — como a ética de recentes descobertas médicas e bioquímicas — tornaram-se polêmicos; outros, especialmente aqueles que lidam com os campos superiores de energia, não são em geral aceitos. Todos oferecem uma grande promessa de uma maior compreensão humana, mas também encerram alguns perigos. Toda a área representa um novo mundo a ser explorado sem a presença de muitos postes indicadores para orientação ou critérios de credibilidade. Por conseguinte, o conhecimento é essencial, para que não nos percamos em crenças irracionais, ou aceitemos conclusões duvidosas a partir de provas insuficientes.

O que é preciso, na nossa opinião, é uma análise cuidadosa do postulado de que o homem é um ser inteligente e consciente, que atua simultaneamente em vários níveis de complexidade — físico, vital, emocional e mental — e que interage constantemente com as energias universais da natureza. Além desses, existe o nível bem mais profundo da individualidade: a alma, com todas as suas características de intencionalidade, integração, criatividade, compaixão, percepção interior e, em última análise, de consciência espiritual.

Esta doutrina está longe de ser nova, pois faz parte da tradição esotérica, tanto do Oriente quanto do Ocidente, há inúmeras gerações. Novo é o esforço de registrar nessa visão esotérica do homem o enorme progresso do conhecimento contemporâneo, a fim de desenvolver uma verdadeira ciência do eu. Se esse esforço for bem sucedido, poderá nos proporcionar a perspectiva, as ferramentas e o ímpeto de darmos um salto quântico no nosso entendimento da natureza do homem e da amplitude das possibilidades humanas.

II

Rompendo a Barreira dos Sentidos

No decorrer da longa jornada evolucionária da vida neste planeta, as formas de vida se desenvolveram dentro dos estreitos limites estabelecidos pela natureza. À semelhança da lagarta no seu casulo, a experiência do homem limitou-se ao alcance dos seus cinco sentidos. Observador consciente e intérprete do seu ambiente físico, ele tornou-se fortemente alheio à presença de outras dimensões de realidade que se encontram à sua volta. Isso se aplica particularmente ao homem moderno.

Reconhecemos hoje, porém, que o mundo sensorial está longe de ser a única esfera "real" de experiência, e que na verdade nossos sentidos apenas nos enviam impressões que o cérebro/mente interpreta segundo sua visão interior. Além disso, os estreitos limites do mundo sensorial estão desmoronando à medida que nosso conhecimento se expande, passando a incluir a realidade do quantum bem como as informações que nos chegam insistentemente do espaço exterior. A possibilidade de expandir o nosso entendimento a esferas há muito ocultas de nós pelas limitações dos sentidos está nos abrindo um mundo ainda mais vasto — um mundo que, longe de ser remoto, é agora encarado não apenas como estando à nossa volta como também sendo até mesmo parte do nosso ser.

Várias perguntas surgem quando nos voltamos para a exploração do mundo das percepções mais sutis. Quais são os mecanismos necessários para que possamos perceber o mundo oculto que se encontra fora do alcance dos nossos sentidos? Como podemos desenvolver essa capacidade usando-a de forma criativa e construtiva?

Nesse estágio da investigação encontramo-nos numa posição bastante semelhante à dos cegos da parábola, em que cada um tentava descrever um elefante em função da parte do animal que era capaz de abraçar. Analogamente, numa aldeia de cem habitantes, se noventa e oito fossem daltônicos, só podemos supor que eles seriam bastante céticos com relação às descrições das duas pessoas restantes que conseguiam enxergar todo o espectro das cores prismáticas. Na verdade, os primeiros teriam provavelmente certeza de que esses dois indivíduos eram visionários, ou mentirosos, ou então simplesmente que tinham alucinações. Contudo, se depois de algum tempo, 20 por cento dos habitantes começassem a ver todo o espectro, o restante talvez passasse a aceitar a possibilidade de que houvesse um fundo de verdade nos fatos, embora estes estivessem além da sua percepção. Esta história é de certo modo semelhante à situação atual em face da percepção extra-sensorial.

Existem muitos indícios de que a próxima grande aventura da humanidade irá ocorrer na esfera da consciência, e que toda uma amplitude de possibilidades ainda inexploradas nos aguardam. Estas últimas dão origem a muitas perguntas ainda não respondidas. Quais são as fronteiras do eu? Onde começam e terminam o eu e o meio ambiente? Podemos desenvolver mecanismos confiáveis para descobrir esses inter-relacionamentos sutis?

Do mesmo modo como os cinco sentidos físicos nos dão acesso a uma determinada amplitude de realidade física, os sentidos superiores nos permitem perceber elementos do mundo supersensorial. A percepção sensorial superior inclui a clarividência, que significa "ver com clareza", e que normalmente se refere à capacidade de perceber o campo vital e/ou o emocional. Como essas percepções sempre deram a impressão de serem ao mesmo tempo exóticas e idiossincráticas (por serem vivenciadas por poucos), os cientistas e pesquisadores dos dias de hoje jamais procuraram explorar e compreender de forma sistemática os mecanismos que permitem a existência desses fenômenos. Numa cultura comprometida com o método científico, essa negligência decorre aparentemente de um preconceito ou de um equívoco fundamental.

Os cientistas sempre sustentaram que está fora da esfera de ação da sua disciplina investigar asserções de que é possível perceber estados de matéria mais sutis do que o físico. Por esse motivo, o esmerado trabalho de J. B. Rhine no campo da telepatia e da clarividência exerceu pequeno impacto sobre a comunidade científica. Contudo, os físicos envolvidos com a realidade da física quântica estão investigando probabilidades e fatos indeterminados que estão bem distantes dos chamados fatos do nosso grosseiro mundo físico, e que só podem ser "observados" através dos seus efeitos. Não é provável também que se estendêssemos nossas explorações aos aspectos mais sutis desse mundo, talvez pudéssemos constatar que essas dimensões são tão válidas, acessíveis ao estudo e sensatas quanto o mundo complexo e ambíguo da realidade quântica?

Não obstante, algumas pesquisas que empregam o próprio homem como sensor estão sendo conduzidas nessa área, como a prática de métodos de cura do tipo do Toque Terapêutico. Os sensitivos que conseguem observar as interações de vitalidade, emoção e processos de pensamento afastam essas interações da esfera do estritamente subjetivo. Suas observações, contudo, diferem em grau, clareza e compreensão. Alguns deles percebem apenas o campo etérico ou vital; outros percebem tanto o campo quanto os centros etéricos (chakras) que são um elemento-chave do padrão básico que caracteriza o homem, tanto como personalidade individual quanto como membro da espécie humana. Alguns clarividentes vêem o campo astral ou emocional, em vez do etérico. Esses psíquicos normalmente não percebem os chakras no interior do campo emocional, a não ser que tenham sido treinados para isso ou possuam um grande dom natural. O campo mental e seus centros só são vistos por aqueles detentores de um tipo altamente desenvolvido de clarividência especializada.

Até agora, o avanço nesses níveis de realidade tem se deparado com bastante confusão e mal-entendidos. O resultado é uma avalanche de literatura "psíquica" de qualidade e credibilidade irregular, em que todos afirmam fornecer informações precisas a respeito das dimensões supersensoriais da experiência humana. Muitas pessoas, lamentavelmente, entediadas e insatisfeitas com o cenário atual e sua ausência de valores, aceitam esses relatos sem criticá-los. Esses entusiastas mergulham amiúde na experimentação pessoal sem levar em conta os perigos ocultos que podem encontrar ao ingressar numa nova área de experiência sem um conhecimento ou preparação prévia. Essas habilidades, como andar ou voar, precisam ser desenvolvidas. Isso requer tempo, paciência e um esforço bem maior do que o que aqueles que estão em busca de novas sensações desejam fazer. Esse interesse pelo chamado mundo psíquico torna-se amiúde mais uma fuga das limitações da vida cotidiana do que uma busca sincera por um novo conhecimento.

Essa situação não altera o fato de que muitas pessoas hoje em dia apresentam diversos graus de habilidade paranormal, inclusive a clarividência, clariaudiência, precognição, telepatia, psicometria, rabdomancia, e cura. Está começando a parecer que essas habilidades estão surgindo e que poderão eventualmente vir a ser uma parte normal da consciência humana. Se aceitarmos o conceito anteriormente mencionado, ou seja, de que a evolução é um processo de aprendizado, perceberemos que os sistemas vivos estão continuamente desenvolvendo novas capacidades de manifestar uma reação criativa ao seu meio ambiente. Se for assim, por que não deveriam os seres humanos começar a estender sua percepção aos níveis supersensoriais, desenvolvendo a habilidade de explorar dimensões mais abrangentes de realidade?

A primeira exigência para o desenvolvimento de uma percepção sensorial superior é reconhecer que as esferas supersensoriais não se abrem "magicamente", mas são governadas por leis naturais tão preciosas quanto aquelas que regem o mundo físico. Para que a conheçamos, é preciso definir com mais precisão os limites da percepção supersensorial; as energias envolvidas e seu relacionamento com a saúde física e as doenças; os efeitos do comportamento; o papel da mente e das imagens mentais, do propósito, e da motivação; e muito mais do que isso. Como existem diferentes tipos de percepção extra-sensorial, e como todas as observações são filtradas através da mente do percipiente, precisamos também determinar o grau do "efeito do observador" na investigação clarividente, além de desenvolver um sistema de verificação e comparação, bem como um vocabulário comum. Essas são apenas algumas das exigências necessárias para que possamos introduzir mais ordem e coerência em todo o campo, especialmente por ele ser relevante para a nossa compreensão do ser humano.

Até aqui, a medicina tem se preocupado com problemas relacionados com o organismo físico, alcançando resultados bastante importantes, embora a questão de como ocorre a cura ainda permaneça um mistério. Hoje em dia, nossa capacidade de lidar com doenças até agora incuráveis aumentou enormemente devido ao desenvolvimento de sensores científicos, que permitem que o corpo seja visto a partir de diferentes aspectos. O infravermelho e os cristais líquidos proporcionam um modelo de cor quente denominado termografia; a mais recente instrumentação médica que usa o ultra-som e a ressonância magnética nuclear, nos fornece outras dimensões e padrões. Num nível mais fundamental do ser físico, estamos nos acostumando a pensar em nós em função de sistemas, processos e padrões de energia, de preferência em função de uma compacta materialidade.

Os sensitivos que conseguem observar as interações da energia vital com os processos emocionais e mentais poderiam retirar essas interações da esfera puramente subjetiva atuando como "sensores" humanos. Entretanto, as observações das pessoas dotadas dessas habilidades diferem amplamente quanto à confiabilidade da sua faculdade, bem como quanto à sua clareza, precisão, e aplicabilidade nas situações materiais. Apesar desses problemas, precisamos persistir, tendo em vista as promessas que o campo encerra.

É possível que a conclusão mais importante que possa surgir de uma análise da amplitude da percepção física, tornada possível pela clarividência, é que o cérebro físico não é o criador da consciência, e sim seu instrumento. A aceitação desse conceito teria importantes conseqüências sobre a forma como nós, seres humanos, nos vemos, e por conseguinte sobre o mundo em que vivemos.

Até este momento da evolução humana, o mundo dos cinco sentidos tem sido nosso ambiente seguro e familiar, uma escola onde aprendemos aquilo que parece estabelecer as fronteiras da experiência humana. Inconscientes da possibilidade de tomarmos conhecimento de um mundo além do físico, conseguimos apenas vislumbrar suas dimensões através das artes ou através do testemunho de místicos, santos e videntes. Porém agora a ciência também começou a investigar alguns aspectos desse mundo mais amplo. Cada vez mais estão sendo feitas descobertas invulgares e sendo apresentadas teorias surpreendentes a respeito da natureza do nosso universo. Uma vez que já se tornou evidente que um número considerável de pessoas já experimentaram por si mesmas algumas parcelas da esfera supersensorial, não deveríamos empreender todo esforço possível para examinar minuciosamente essas experiências?

Esperamos que o material apresentado neste livro possa ser útil ao indicar alguns dos princípios que governam as dimensões mais sutis do nosso mundo — dimensões que todos compartilhamos igualmente, mesmo que de modo inconsciente. Elas fazem parte do todo maior que abrange não apenas a Terra física com toda sua história passada e possibilidades futuras, como também os pensamentos e sentimentos, erros e realizações, percepções interiores e intuições de todos os seus habitantes.

2
OS CAMPOS E OS CHAKRAS

III

Os Três Campos do Eu Pessoal

Começamos explorando uma questão ulterior: qual é a natureza do nosso ambiente supersensorial, e de que modo ele nos afeta?

Como foi observado no Capítulo I, nossa tese é a de que o homem é um complexo de processos indispensáveis que atuam uns sobre os outros. Nenhuma experiência física deixa de ser acompanhada por uma reação emocional, por uma interpretação mental. Quando tentamos codificar os níveis da experiência humana, chegamos a um sistema que se aproxima da visão teosófica de que o homem se expressa na vida física através de um tríplice mecanismo: e *etérico* ou vital, o *astral* ou emocional, e o *mental*, no qual os três, tomados em conjunto, são chamados de personalidade na literatura teosófica.

Sabemos muito bem que essa descrição da psique humana está distante da oferecida pelas modernas escolas de psicologia, mas é sem embargo a hipótese na qual se fundamenta nossa pesquisa.

Quando esses três aspectos da natureza humana se unem ao corpo físico formando um todo harmonioso, o resultado se transforma num instrumento complexo e flexível para a expressão do eu. A palavra "eu", por sua vez, está reservada para a essência mais profunda e duradoura daquilo que cada um de nós realmente é — nosso verdadeiro ser.

A personalidade se assemelha bastante à noção de persona desenvolvida na Grécia e na Roma antigas: a máscara ou a aparência que o ator veste para indicar o papel que está representando no drama. No drama da vida, nós, os atores, identificamo-nos geralmente de tal forma com essa representação que a confundimos com o eu real. Não é exagero afirmar que uma das grandes lutas dos seres humanos é se conscientizarem da diferença entre o eu (que algumas pessoas chamam de alma) e a persona ou personalidade.

Outro elemento importante dessa visão da natureza humana tem relação com o mistério da vida e das energias vitais. Já estamos agora bastante familiarizados com o conceito do corpo físico como sendo uma hierarquia de sistemas de organização que interagem, porém a idéia adicional de que esses sistemas se caracterizam por padrões específicos de energia ainda é pouco compreendida. Mas é exatamente com esses padrões de energia que nossa pesquisa está envolvida, e precisamos portanto de um princípio que possa explicar as correspondências entre os padrões de energia e os sintomas físicos.

Do ponto de vista aqui desenvolvido, o homem é um sistema de campos de força interdependentes, no interior dos quais os padrões de energia não são apenas adequados ao campo particular, como também são ordenados através de processos e mecanismos especiais. Além disso, esses padrões de energia respondem a mudanças na consciência, fato que nos fornece uma perspectiva bastante diferente a respeito de inúmeros problemas aflitivos da vida humana. Na literatura esotérica, o homem é descrito como possuindo sete níveis ou campos de consciência e energia, cada um dos quais é diferenciado hierarquicamente de uma forma de certo modo análoga às subdivisões sólida, líquida, gasosa, molecular, atômica e subatômica do mundo físico.

Já mencionamos que nosso estudo está basicamente envolvido com o campo etérico, o qual está em constante interação com o corpo físico. Mas como não pode haver qualquer separação entre os processos físicos e psicológicos, existem muitas situações em que os fatores emocionais e mentais precisam ser levados em consideração.

Adotamos, portanto, a descrição teosófica da natureza humana como nossa hipótese de trabalho, em função da qual avaliamos as observações clarividentes que formam o corpo da nossa pesquisa. Podemos definir aqui então nosso emprego da palavra *hipótese* como "uma proposição que iremos assumir como verdadeira com a finalidade de testar determinados fatos que se lhe opõem". Se a hipótese proporcionar um princípio explanatório significativo ela será reforçada pela nossa pesquisa; caso contrário poderá ser modificada em favor de uma hipótese melhor.

Uma vez que estaremos constantemente nos referindo aos campos, devemos mais uma vez enfatizar que só se justifica fazer referência às energias vitais, sentimentos, e pensamentos associados a cada indivíduo como "campos" se os considerarmos como casos especiais ou intensificações de campos *universais* do qual toda a vida participa. (Um campo pode ser ordinariamente definido como uma condição contínua de espaço.) Nesse caso, existe uma constante interação não apenas entre os três campos associados a cada indivíduo, como também entre eles e os campos universais dos quais fazem parte.

Por conseguinte, para evitar confusão, nas descrições genéricas empregaremos normalmente o termo "campo" para nos referirmos ao aspecto universal, e reservaremos as palavras "veículo" ou "corpo" para identificar a expressão individual do campo universal. Porém uma vez que DVK (Dora van Gelder Kunz) está tão habituada a dizer campos em vez de corpos, em muitos dos históricos das doenças descritos a seguir iremos encontrar a expressão "campo geral" nas descrições do corpo etérico ou astral, distinguindo-se do fluxo de energia que percorre o sistema de chakras.

A combinação dos três campos do eu pessoal com seu veículo, o corpo físico, nos fornece um retrato da vida humana que pode ser comparado a uma tapeçaria quadridimensional, cuja trama e urdidura se compõem de linhas de diferentes qualidades e texturas, e cujos padrões se deslocam e se alteram à medida que cruzam a trilha do tempo. A chave para a compreensão da complexidade desse processo de interação repousa no seu dinamismo, pois a vida sempre se caracteriza pelo crescimento e pela mudança. O importante fator dessa mudança é determinar se ela está nos levando na direção da negatividade, da saúde debilitada e da doença, e se esse padrão pode ser alterado no sentido da auto-integração, da saúde e da perfeição.

IV

A Estrutura e o Funcionamento do Corpo Etérico

A função mais importante do corpo etérico é a transferência da energia vital ou da vitalidade do campo universal para o campo individual, e daí para o corpo físico. É o primeiro contato com o oceano de energia vital que sustenta toda a natureza. A vitalidade por si própria não é reconhecida no Ocidente como uma forma de energia, mas no Oriente, onde é conhecida como *prana*, sempre foi considerada uma força universal da natureza relacionada com a respiração. Ela está ativa tanto nas plantas e nos animais quanto nos seres humanos.

O etérico também atua como um elo de ligação entre o corpo físico e os veículos emocional e mental, embora todos se interpenetrem e estejam em sincronia, constituindo portanto, junto com o corpo físico, o instrumento do eu consciente durante toda a vida.

No nível etérico, o campo individual é condicionado e vitalizado pela força vital ou energia etérica que penetra através de seus centros principais ou chakras, que serão descritos detalhadamente mais adiante. Ao mesmo tempo, os centros nos níveis emocional e mental estão processando energias oriundas desses campos, e essas energias condicionam e modificam a energia etérica à medida que ela flui através da rede de canais do corpo etérico. É portanto um processo bastante complexo. O corpo etérico vitaliza o corpo físico, mas ainda não sabemos exatamente como isso ocorre. Entretanto, visto que os canais etéricos correm paralelos ao sistema nervoso, pode ocorrer um processo de indução.

Analogamente à maneira como o feto flutua no líquido amniótico, os seres humanos são mantidos por um oceano de energias nutritivas. A estrutura dos centros de força ou chakras nos veículos etérico, astral e mental permanece constante durante toda a vida do indivíduo, mesmo enquanto eles estão sendo continuamente recarregados pelas energias que entram e saem dos três campos correspondentes.

Cada partícula física possui sua contraparte etérica (daí a expressão "duplo etérico") que é uma réplica perfeita da forma física. O veículo etérico está tão estreitamente interligado ao corpo físico que os dois são inseparáveis. Em determinado sentido, o etérico *é* físico, uma vez que nunca se separa do corpo durante a vida e se desintegra com ele no momento da morte. Por esse motivo, o etérico tem sido historicamente descrito na literatura esotérica como o quarto estado da matéria, sendo o sólido, o líquido e o gasoso os três primeiros. É preciso salientar, contudo, que observadores declararam que os sólidos, os líquidos e os gasosos também possuem contrapartes etéricas, o que faz com que essa classificação pareça não corresponder à realidade.

Na verdade, considera-se o campo etérico como dividido em várias categorias, sendo a mais densa associada aos sólidos físicos, enquanto que as outras são mais refinadas. O etérico é na verdade "material", e está bem próximo da matéria física. Por esse motivo, foi sugerido que a capacidade de perceber vagamente o campo etérico está relacionada com a retina do olho, estando exatamente no limiar da visão usual. Se for esse o caso, talvez seja possível projetar um tipo de instrumentação capaz de intensificar o campo etérico levando-o ao ponto de visibilidade. Muitas pessoas já o tentaram, mas sem alcançar qualquer sucesso até o presente momento.

O etérico não é apenas o veículo da força vital ou prana; ele também fornece o padrão básico segundo o qual o corpo físico é construído. (As ligações entre o padrão etérico e o código genético oferecem possibilidades interessantes que ainda não foram exploradas.) Essa matriz etérica é importante uma vez que está diretamente relacionada com o estado de saúde do indivíduo, pois a qualidade, a sensibilidade e a capacidade de recuperação do corpo físico estão diretamente relacionadas com o caráter e a qualidade do corpo etérico.

Cada célula do corpo humano tem seu equivalente de energias etéricas, emocionais e mentais localizadas ao seu redor. As energias que estão localizadas em volta de cada indivíduo (constituindo os "corpos" ou "aura") vão enfraquecendo no espaço, ou, para sermos mais exatos, nos campos universais. Muito mais trabalho precisa ser realizado para explicar como os três campos se relacionam uns com os outros num indivíduo; até aqui, como já foi mencionado, temos tido de limitar nossos estudos principalmente ao etérico, com apenas breves incursões nos campos emocional e mental para fins de diagnóstico. Por conseguinte, até agora só foi possível esboçar a anatomia macroscópica do corpo etérico com seus chakras.

Para o clarividente, o corpo etérico parece uma teia de linhas de força finas e brilhantes que, numa pessoa saudável, se projetam formando um ângulo reto com a superfície da pele. Sua textura poderá ser fina ou grosseira, e essa característica se repete no tipo de corpo físico. Cada órgão do corpo possui sua contraparte etérica, através da qual a energia etérica circula constantemente.

O corpo etérico é de um cinza azulado pálido ou cinza-violeta, levemente luminoso e tremeluzente, como as ondas de calor sobre a terra nos dias quentes. Na pessoa normal ele se projeta de cinco a sete centímetros além da periferia do corpo físico, desaparecendo gradualmente no oceano circundante de energia etérica. Este oceano apresenta um movimento rápido e constante, e envolve o corpo da mesma maneira como a atmosfera envolve a terra.

Apesar do etérico não ser propriamente um veículo de consciência, ele transmite o fluxo de consciência ao cérebro físico, e se por qualquer motivo for separado do corpo físico, ocorrem distúrbios e doenças.

Existe uma teia etérica de textura extremamente delicada que atua como uma barreira natural entre os campos etérico e astral, além de proteger o indivíduo quanto à abertura prematura da comunicação entre esses dois níveis. Parte da literatura teosófica, especialmente as obras de C.W. Leadbeater, descrevem essa teia como possuindo uma trama apertada, composta de uma única camada de átomos etéricos que separam os chakras situados ao longo da coluna vertebral. Ela é na verdade um dispositivo de proteção, e quando é danificada apresenta sérias conseqüências, uma vez que esse fato propicia a entrada de forças que estão fora do controle do indivíduo. Entre os fatores apontados como modificadores ou destruidores dessa teia estão o alcoolismo e o uso constante de narcóticos e substâncias semelhantes.

Não se deve supor, contudo, que a existência dessa teia etérica iniba de algum modo a interação normal entre o campo emocional e o etérico. Num indivíduo saudável, existe um relacionamento ordenado e um fluxo ritmado entre todos os campos de energia. Mas quando ocorrem perturbações crônicas no nível emocional, como a hostilidade ou ansiedade permanentes, o escoamento de energia torna-se desordenado, o que pode eventualmente danificar todo o sistema. Outro exemplo pode ser dado citando o medo e a depressão que tendem a reduzir o fluxo normal de energia, de modo que órgãos como os rins tornam-se menos capazes de funcionar normalmente. Por conseguinte, as emoções afetam intensamente os corpos etérico e físico.

O efeito do excesso de energia é tão prejudicial quanto o da escassez. Se o fluxo de energia for excessivamente rápido, poderá gastar-se depressa demais, resultando no esgotamento do reservatório de energia do corpo. A tensão também exaure as reservas de energia, o que pode ter efeitos repentinos no nível físico, como um ataque cardíaco ou insuficiência renal. Esse tipo de esgotamento de energia tem um efeito tão difuso que é impossível determinar onde ele irá se manifestar ou que órgão vital será afetado, embora DVK sempre consiga ver onde está ocorrendo o esgotamento.

Quando uma pessoa saudável se encontra num estado mental calmo e feliz, a energia flui uniforme e suavemente. Os chakras são capazes de transformar a energia de nível para nível na saúde bem como na doença, de modo que quando um indivíduo está repleto de afeição esta é transmitida para o corpo sob a forma de um aumento de energia equilibrada. Quando não há conflito emocional, a energia etérica se fortalece e intensifica. Sem sombra de dúvida, as crianças saudáveis são naturalmente felizes e espontâneas, transbordando de energia. (No Capítulo VI é apresentada uma exposição mais detalhada dos efeitos das mudanças no campo emocional.)

Em resumo, as emoções positivas são mais vantajosas para o sistema como um todo — fato que dificilmente precisa ser enfatizado, uma vez que todos sabemos disso de forma mais ou menos instintiva. Sem dúvida nossa pesquisa defende os objetivos de muitas técnicas que estão sendo desenvolvidas hoje em dia, cuja meta é suscitar nas pessoas uma atitude interior harmoniosa que favoreça um estado saudável e relacionamentos pessoais positivos.

V

O Papel dos Chakras

Os chakras são centros ou órgãos superfísicos através dos quais as energias dos diferentes campos são sincronizadas e distribuídas ao corpo físico. Eles são mais ou menos ativos no nível astral, no mental e (até certo ponto) nos níveis ainda mais elevados, nos quais desempenham diferentes papéis, sendo contudo de fundamental importância no nível etérico, onde funcionam como instrumentos para a concentração de energia no corpo.

A anatomia dos chakras é descrita na literatura tântrica da Índia e do Tibete, bem como nas obras de C.W. Leadbeater e de outros pesquisadores modernos, como Swami Rama e Hiroshi Motoyama. DVK realizou um estudo longo e detalhado das suas características durante um vasto período de tempo, dedicando especial atenção ao papel que representam na saúde e na doença. As descrições fornecidas neste trabalho são totalmente baseadas nas suas observações, diferindo em muitos detalhes de outros relatos, porém não nos aspectos essenciais.

Cada um dos veículos etérico, astral e mental contém sete centros de força principais, que foram chamados de chakras em virtude da sua forma. Tanto no formato quanto no tipo de movimento eles lembram uma roda, cujo centro se comporta como o eixo, em torno do qual giram estruturas em forma de pétalas. As energias dos diferentes campos se concentram e circulam através desse centro, além de rodopiarem de forma centrífuga e de pulsarem ritmicamente, de modo que a idéia geral é a de uma flor cujas pétalas estão num movimento constante e harmônico e que se assemelham aos efeitos alcançados na fotografia seqüencial. Na verdade, na literatura indiana os chakras são chamados de lótus por terem a forma de flor, e também por possuírem uma raiz ou caule central que os liga energeticamente à coluna vertebral e ao sistema nervoso. Os núcleos dos centros são pontos de interação em que a energia flui de um campo ou nível para outro. Estes últimos também estão associados a habilidades específicas ou forças de consciência relacionadas com um ou outro dos outros campos, como o emocional ou o mental.

Lama Govinda, conhecido expoente do Tantrismo Budista, ressaltou que os alicerces fisiológicos da doutrina dos chakras ou centros psíquicos é o mesmo, tanto no Tantrismo Budista quanto no Hindu, embora existam consideráveis variações nos dois sistemas. "A principal diferença", ele escreve, "repousa na maneira diferente de tratar os mesmos fatos fundamentais... O sistema hindu enfatiza mais o aspecto estático dos centros e suas ligações com a natureza elementar... Isso provê os chakras de um conteúdo 'objetivo' na forma de sílabas-semente permanentemente fixas... O sistema budista preocupa-se menos com o aspecto estático-objetivo dos chakras, e mais com o que flui através deles, com suas funções dinâmicas, ou seja, com a transformação da corrente de energias cósmicas ou naturais em possibilidades espirituais."[1] A concepção dos chakras apresentada por DVK se assemelha ao dinamismo do sistema budista.

Os sete chakras etéricos, que exercem forte influência na saúde dos corpos físico e etérico, possuem suas contrapartes nos níveis astral e mental. À semelhança do corpo físico, que está continuamente se desintegrando e reconstruindo, os campos etérico, emocional e mental estão em constante mudança, porém num ritmo muito mais rápido. Os chakras estão envolvidos nessa mudança.

É importante observar que os chakras são ao mesmo tempo transmissores e transformadores de energia de campo para campo, uma vez que seu mecanismo sincroniza as energias emocionais, mentais e etéricas. Eles aumentam ou reduzem a energia, ou moderam ou aceleram sua atividade, de um campo para outro, de modo que a energia mais rápida do campo emocional possa afetar a energia mais lenta do etérico, e vice-versa.

É mais fácil visualizar os chakras etéricos como vórtices que giram rapidamente, e que recolhem energia em seus núcleos num fluxo condensado dispersando-a ao longo da periferia das suas pétalas sob a forma de espirais cada vez mais amplas. A torrente de energia oriunda do campo geral jorra sobre os chakras, produzindo um movimento giratório ou rodopiante em virtude do seu padrão de organização. Esse fluxo não afeta, contudo, sua estrutura geométrica básica, que permanece constante.

Não se deve porém concluir que os chakras estão separados dos campos, o que pode ser subentendido pela maneira como aparecem nos diagramas. Eles são vórtices que concentram a energia dentro dos campos, do mesmo modo como os remoinhos são formações que ocorrem dentro da água e com a água. Por conseguinte, qualquer alteração importante no campo de energia aparece imediatamente nos chakras, onde é facilmente observada.

No caso, por exemplo, de uma pessoa que fique emocionalmente perturbada durante algum tempo, essa energia atravessa todo o campo etérico e o emocional, afetando portanto os órgãos do corpo como os rins. Inversamente, quando o corpo está estressado,

---

1. Lama Anagarika Govinda. *Foundations of Tibetan Mysticism*. Nova York: E.P. Dutton, 1960, p. 134.

uma parte do fluxo exterior que parte do etérico e passa pelos chakras afeta por sua vez o campo emocional.

As cores, que variam de chakra para chakra, também reluzem de um modo que contribui para sua aparência de flor. Numa pessoa saudável, as formas dos chakras se encontram num belo equilíbrio, simétrico e orgânico, em que todas as partes fluem em uníssono num padrão rítmico. Seu movimento tem na verdade um caráter harmônico e musical, com ritmos que variam de acordo com as diferenças individuais de constituição e temperamento.

Os centros jamais são estáticos; sua velocidade de rotação é ao mesmo tempo rápida e variável dependendo do estado de saúde e da qualidade do fluxo. Todo o processo é análogo ao mecanismo da respiração, pois a energia é, por assim dizer, inspirada e exalada pelo ser humano. A energia penetra pelo núcleo do chakra, alcança a coluna vertebral através do tronco-cerebral, fluindo a seguir ao longo das minúsculas trilhas do corpo etérico ligadas ao sistema nervoso físico. Essa energia retorna finalmente aos chakras, deslocando-se para o exterior em espirais através do núcleo das pétalas, num permanente influxo e escoamento. Essas espirais de energia tornam-se cada vez mais amplas durante o processo de circulação, mesclando-se gradualmente com todo o campo do corpo etérico e dissolvendo-se nele, e dissipando-se depois no campo universal, da mesma forma como o ar que expelimos se torna parte da atmosfera da Terra.

Os chakras etéricos, que se situam na superfície do corpo etérico, variam enormemente quanto à tonalidade, luminosidade, tamanho, rapidez de movimento, ritmo e textura, alguns sendo mais finos e outros mais grosseiros, dependendo da idiossincrasia e do estado de saúde do indivíduo. Por esse motivo, o processo da doença é bastante visível nos chakras, uma vez que não apenas rompe seu movimento harmônico como também altera a textura dos seus componentes.

Os chakras também revelam a qualidade de consciência da pessoa, bem como o grau do seu desenvolvimento pessoal e suas habilidades, através das variações nos centros etéricos e das suas ligações com os dos outros níveis. Num indivíduo simples e relativamente subdesenvolvido, os chakras serão pequenos, lentos, de coloração baça e de textura grosseira. Já numa pessoa mais inteligente, receptiva e sensível, eles serão mais brilhantes, de textura mais fina e seus movimentos mais rápidos; finalmente, num indivíduo desperto que usa totalmente seus poderes, eles se tornarão fulgurantes remoinhos de luz e cor.

Os principais chakras do corpo etérico estão alinhados ao longo de um eixo vertical, com os cinco inferiores paralelos à medula espinhal, estendendo-se da base da coluna vertebral ao crânio, e os outros dois, um entre as sobrancelhas e o outro no alto da cabeça. (Ver encartes nas orelhas deste livro.) Este último, o chakra coronário, é em geral maior do que os outros, sendo a sede dominante da consciência.

Os chakras poderão variar de tamanho e brilho em qualquer pessoa, o que, unido à atividade das suas interligações, indica talentos e habilidades especiais. O centro laríngeo e frontal de um cantor talentoso, por exemplo, é bem maior do que o normal, além de mais brilhante, mais luminoso, girando ainda com maior rapidez. O que é bem diferente do caso do centro do plexo solar de um médium incorporador, que é aumentado porém de textura mais grosseira, apresentando cores escuras e alguma disritmia e frouxidão no núcleo. Num bebê recém-nascido, os chakras medem cerca de três centímetros parecendo-se com discos pequenos e rígidos.

Cada um dos centros possui ligações especiais com determinados órgãos do corpo, bem como com certos estados de consciência (que serão descritos mais adiante). Contudo, conforme ressaltou Arthur Avalon em sua obra clássica a respeito de kundalini *The Serpent Fire*, é preciso lembrar que embora as correlações sejam adequadas, uma identificação explícita dos chakras com os órgãos físicos poderá ser enganadora, uma vez que os chakras são centros sutis de energia vital, que existem enquanto o corpo está vivo desaparecendo com sua morte; eles são portanto materiais, mas não físicos no senso comum da palavra.

Tendo em mente essa advertência, podemos dizer que nossos estudos demonstraram de um modo geral que as glândulas endócrinas estão relacionadas com os sete chakras etéricos (ver encarte). Certamente os complexos relacionamentos entre esses chakras, bem como os dos outros níveis, apresentam forte semelhança com a interligação funcional do sistema endócrino. Na verdade, a interação de todos os campos com o corpo físico é um sistema maravilhosamente integrado que se origina e é sustentado pelos padrões de energia dos chakras nos veículos etérico, astral e mental.

Os diversos chakras também indicam a ênfase fundamental do indivíduo — o foco do "Eu". Por exemplo, se uma pessoa se identifica basicamente com os sentimentos, o centro do coração e o do plexo solar serão mais ativos e proeminentes do que os outros. Se o centro frontal for muito brilhante, indica um grau de integração pessoal; se o centro coronário for especialmente luminoso, indica o desenvolvimento da consciência espiritual. O nível de atividade dos chakras etéricos e o grau de sensibilidade das suas interligações com suas contrapartes emocional e mental determinam o potencial do indivíduo para o desenvolvimento de uma percepção superior mais elevada.

O fio da consciência que desperta está ligado ao núcleo do chakra coronário. Durante o sono, esse fluxo de energia diminui, sendo reativado no momento do despertar. O fio da vida, contudo, liga o chakra cardíaco ao coração físico, e essa ligação não se rompe durante a vida. Na ocasião da morte, o fio da consciência se retira do chakra coronário, e o fio da vida se desliga do coração, sinalizando a desintegração de todos os outros chakras. Por conseguinte, na ocasião da morte todas as interligações se rompem; o corpo etérico inicialmente se desprende do corpo físico separando-se dele a seguir. Passados alguns dias da morte ocorrida sob circunstâncias normais, o corpo etérico finalmente se desintegra.

Resumindo, as principais funções dos chakras etéricos são absorver e distribuir o prana ou energia vital ao corpo etérico e, através deste, ao corpo físico; e manter as ligações dinâmicas com os chakras correspondentes nos corpos emocional e mental. Uma das funções dos chakras é coordenar a interação entre os diversos campos. A condição do corpo físico é afetada não apenas pela velocidade do fluxo da energia etérica, mas também pelo grau de harmonia no seu ritmo, e qualquer obstrução que possa deformar os padrões normais de energia resultam na perda de vitalidade e na doença.

Passamos a descrever os principais chakras da maneira como são percebidos por DVK. As ilustrações que oferecemos para consulta no encarte da última capa deste livro são extraídas do livro *Os Chakras*, estudo clarividente de autoria de C.W. Leadbeater (Wheaton, IL: Theosophical Publishing House, [1927] 1987). Retratadas a partir das descrições de Leadbeater, essas ilustrações dos chakras no nível emocional representam da melhor forma possível sua estrutura e suas cores nesse meio estático, mas não conseguem em absoluto transmitir o dinamismo dos centros bem como suas cores e ritmos que estão em constante mudança.

O Chakra Coronário

O chakra mais elevado está situado aproximadamente a seis centímetros acima do alto da cabeça. Ele tem a forma de pires, sendo composto por 12 pétalas douradas centrais e um conjunto de 960 pétalas secundárias dispostas em volta das primeiras: por esse motivo, é chamado de "lótus de mil pétalas" no Tantrismo Indiano. Essas pétalas exibem todas as cores do arco-íris, com predominância da cor violeta.

Nesse tipo de tantrismo, este chakra, o chakra *sahasrara*, é descrito como a "sede especial e mais elevada de Jiva, a alma",[2] sendo portanto diferenciado dos outros chakras situados ao longo da coluna vertebral. Ele é extremamente importante, revelando tanto a qualidade espiritual do indivíduo quanto seu estado de consciência. O tamanho, variação de cor, velocidade de rotação, ritmo, intensidade de brilho, textura e elasticidade, bem como o desenvolvimento das interligações com os outros centros, indicam a qualidade e o caráter de toda a personalidade e ainda a força da sua ligação com o eu mais profundo. O intenso reluzir desse chakra indica em geral a prática da meditação.

---

2. Arthur Avalon. *The Serpent Power*, Madras: Ganesh & Co., 1958, p. 156.

As dimensões do núcleo, bem como suas outras características, fornecem uma indicação da capacidade do indivíduo de expandir sua consciência, ou mesmo de alcançar a continuidade de consciência entre o estado desperto e o de sono, pois esse é o centro através do qual normalmente saímos quando estamos dormindo. Entretanto, o fato de o núcleo ser excessivamente elástico, pode tornar fácil demais a saída do corpo, como no caso do médium que entra involuntariamente em transe.

Em outras palavras, esse é o chakra que revela o estágio de evolução consciente do indivíduo. A arte religiosa, tanto do Oriente quanto do Ocidente, retrataram de modo simbólico essa qualidade: o Senhor Buddha é sempre representado com uma majestosa saliência no alto da cabeça indicando a iluminação, enquanto os halos de luz dourada que circundam a cabeça de Cristo e dos santos simbolizam sua espiritualidade desperta. Govinda escreve que esse centro, junto com os dois seguintes, "transcendem os elementos grosseiros (*Mahabhuta*) representando as dimensões superiores do espaço, nas quais a qualidade da luz... se incorpora ao estado psicoenergético do *prana* e à esfera de consciência cósmica".[3] Por esse motivo, considera-se que o chakra coronário pertença a uma ordem mais elevada do que os outros seis centros, não sendo amiúde incluído na relação dos chakras, como na obra de Arthur Avalon sobre kundalini ioga, *The Six Centers and the Serpent Power*.

O fato de as interligações etéricas entre os centros coronário e frontal estarem abertas e ativas sugere fortemente um grau de clarividência bem como a prática da meditação e da concentração. No corpo físico, a ligação com esse centro ocorre principalmente através da glândula pineal, mas ele influencia todo o cérebro.

Em todos os estágios de desenvolvimento, o chakra coronário funciona como o órgão da síntese.

O Chakra Frontal

O centro frontal, ou chakra *ajna*, se compõe de noventa e seis pétalas. Localizado no centro da testa entre os dois olhos, ele está particularmente inter-relacionado com o centro coronário. De fato, em algumas das escrituras tibetanas, ele não é mencionado em separado, sendo considerado parte do "lótus de mil pétalas".

Quanto à sua estrutura, o chakra frontal difere dos outros centros pois parece estar dividido em dois segmentos, um metade cor-de-rosa e metade amarelo, e o outro azul e roxo. (É provavelmente em virtude dessa peculiaridade que ele é descrito na literatura indiana como possuíndo duas pétalas.) Este centro está relacionado com a glândula pituitária; é interessante observar que esta glândula tam-

---

3. *Op. cit.*, p. 141.

bém se compõe de duas partes, cada uma com uma função isolada. Este chakra diz respeito fundamentalmente à integração das idéias e à experiência com a capacidade de organização. (No Tantrismo Indiano é considerado como personificação dos tattvas da mente e prakriti ou substância primordial.) É o órgão da visualização e o centro da percepção, que pode ser orientado para cima no sentido das coisas mais elevadas ou para baixo na direção da vida mundana; ele reflete portanto a natureza da mente.

Quando o chakra frontal etérico está bem desenvolvido e suas interligações com sua contraparte astral estão abertas e ativas, a clarividência de ordem superior é favorecida. Quando está fundamentalmente ligado ao centro laríngeo, existe a indicação do emprego ativo da imaginação criativa.

O Chakra Laríngeo

O centro laríngeo (chakra *visuddha*), situado exatamente à frente da base do pescoço, é de coloração azul-prateada (branca no sistema indiano) possuindo dezesseis pétalas. No Tantrismo Budista, ele está associado à qualidade do espaço (*akasa*), o substrato do som e o meio de vibração. Tem em geral cerca de seis centímetros de diâmetro, aumentando de tamanho no caso das pessoas que usam muito a voz; ele é mais brilhante e se move mais rápido nos cantores e nas pessoas com prática de falar em público. Ele também é proeminente nos músicos e compositores, como também em todas as pessoas envolvidas em qualquer tipo de trabalho criativo, pois este chakra indica a sensibilidade não apenas em relação à cor e à forma, como também ao som e ao ritmo. Poder-se-ia dizer que o aspecto criativo do eu é transmitido do chakra frontal, onde é formado, ao chakra laríngeo, onde é energizado.

O chakra laríngeo está ligado aos chakras coronário e frontal em determinados estados em que ocorre a expansão da consciência, além de ser especialmente importante no que diz respeito às interligações entre os campos mental e etérico.

As ligações do chakra laríngeo com o corpo físico ocorrem através das glândulas tireóide e paratireóide, às quais fornece energia. Do ponto de vista clarividente, uma cor límpida e um ritmo regular no centro laríngeo etérico apontam uma tireóide saudável.

O Chakra Cardíaco

O centro do coração (*chakra anahata*) está situado a meio caminho entre as omoplatas. Na pessoa normal, ele tem cerca de seis centímetros de diâmetro, sendo composto de doze pétalas de um reluzente amarelo dourado. (No Tantrismo, sua cor é descrita como "enfumaçada".) Uma cor límpida e um ritmo regular denotam uma condição saudável no coração, em um corpo físico vigoroso. No Tantrismo, o movimento é considerado sua qualidade característica.

Este chakra está ligado às dimensões superiores da consciência e ao senso de existência da pessoa, e como já foi anteriormente observado, ele está estreitamente relacionado com as doze pétalas douradas do chakra coronário. O centro cardíaco registra a qualidade e o poder do amor na vida do indivíduo. Quando alguém transforma os desejos e paixões pessoais no amor e compaixão universais por seus semelhantes, o coração transforma-se no foco das energias que se concentravam anteriormente no plexo solar. Durante a meditação, o discípulo é encorajado a se concentrar no centro do coração, com o objetivo de fortalecer sua ligação com o núcleo do chakra coronário. Esse processo acarreta um estado de verdadeiro equilíbrio no corpo, pois o centro cardíaco é de fato o ponto de integração de todo o sistema de chakras, tendo por conseguinte um importante efeito global de equilíbrio. O centro do coração atua como um fator fundamental da transformação espiritual.

No corpo físico, existe uma relação entre o chakra do coração e o timo, e através deste, com o sistema imunológico. Este centro também está, sem dúvida, relacionado com o funcionamento do coração físico.

O Chakra Umbilical ou do Plexo Solar

O chakra do plexo solar (chakra *manipura*) está situado na região no umbigo. Possui dez pétalas, e em condições normais é multicolorido, com predominância das cores vermelha e verde. Flutuações no ritmo, a hiperatividade, e distúrbios nos padrões de cor desse centro denotam uma pessoa que se identifica extremamente com as emoções, tendo dificuldade em controlar os sentimentos.

Com relação ao campo emocional, este é o chakra mais importante, visto que está situado no ponto em que a energia astral penetra no campo etérico. Ele também está estreitamente relacionado com os chakras do coração e da garganta.

Na vida de uma pessoa comum, o umbilical é provavelmente o centro mais importante e mais ativo, uma vez que está extremamente envolvido com a vida emocional. Ele é ativo numa pessoa com desejos intensos, e desempenha um importante papel na projeção da energia pessoal. Por esse motivo, quando o estresse ou problemas emocionais afetam o sistema digestivo, ocorrem distúrbios na região do plexo solar. Como é de se esperar, as principais ligações físicas com esse chakra ocorrem através das glândulas supra-renais e o pâncreas, bem como do fígado e do estômago. É através deste centro que a maior parte dos médiuns incorporadores operam, e ele está envolvido em inúmeros tipos menos desenvolvidos de clarividência.

O Chakra Esplênico ou do Baço

As descrições dos chakras variam, e em algumas tradições o centro localizado acima do baço é considerado como um dos sete principais centros; em outras, é tido como subsidiário. Segundo as observações de DVK, o chakra esplênico não é considerado um dos principais, desempenhando contudo um papel bastante importante no sistema de chakras.

Este centro possui seis pétalas ou seções que revelam todo um espectro de cores, com predominância do amarelo e do vermelho rosado. Sua função mais importante é absorver a vitalidade do campo genérico, modificá-la, e depois distribuí-la aos outros centros. Acredita-se que cada uma das cores presentes neste chakra possua uma afinidade vibratória com os outros chakras em que essa cor particular seja dominante (ou seja, amarelo com o cardíaco, vermelho rosado com o umbilical, etc.), e que desse modo os outros chakras sejam continuamente energizados.

O chakra esplênico está situado à esquerda no abdômen, logo abaixo da décima costela, e está ligado ao baço no corpo físico. Este centro possui em geral uma aparência brilhante e reluzente. Como é o principal transmissor de prana ou energia vital para o corpo físico, sua função mais importante repousa em sua habilidade de absorver e distribuir vitalidade.

O Chakra do Sacro

O Tantrismo Indiano, do qual se origina a maior parte do nosso conhecimento sobre os chakras, afirma que existem seis centros principais no corpo, além do "lótus de mil pétalas" ou *sahasrara padma*, que denominamos chakra coronário. Existem, além desses, muitos centros subsidiários. Segundo esse sistema, há um centro (o chakra *svadhisthana*) na região do sacro que rege a sexualidade. Existem associadas às suas seis pétalas, cuja cor é predominantemente vermelha (branca no Tantrismo Tibetano), seis *writti* ou estados de consciência: a credulidade, a desconfiança, o desprezo, a ilusão, o falso conhecimento e a desumanidade (c.f. Arthur Avalon, *The Serpent Power*).

Segundo DVK, este centro, à semelhança do chakra esplênico, possui importantes funções não sendo porém um centro principal que afete todo o campo no mesmo sentido que os outros seis. Como o foco das investigações que ela e Shafica Karagulla fizeram juntas se concentrou basicamente sobre as áreas de interesse médico da última, muito pouco trabalho envolvendo o chakra do sacro foi realizado.

O Chakra da Base da Coluna Vertebral

O centro fundamental ou raiz (chakra *muladhara*), situado na base da coluna vertebral, possui quatro pétalas de um límpido vermelho-alaranjado. (Diz-se na literatura tântrica que ele está ligado ao elemento terra, sendo também amarelo.) Este centro é considerado a fonte ou a moradia do fogo kundalini, que está enroscado, adormecido, no ser humano comum. Os dois canais de energia, *ida* e *pingala*, que se erguem a cada lado do canal raquidiano principal, denominado *sushumna*, têm origem nesse centro.

Para podermos compreender a qualidade especial desse centro, é preciso dizer algo a respeito dos três canais raquidianos, como foram definidos na tradição tântrica indiana. Já foi mencionado que os cinco chakras localizados no tronco estão interligados através das suas raízes ao canal central da coluna vertebral. Esse canal central, o *sushumna*, tem origem na base da coluna ascendendo na direção do bulbo raquidiano situado na base do crânio; ele processa o influxo de energia oriundo do campo etérico. Os outros dois canais, *ida* e *pingala*, também têm origem na base da coluna vertebral e terminam na base do crânio; eles estão ligados à saída de energia.

Ida e *pingala* se entrecruzam sobre o *sushumna* nos pontos em que os cinco chakras centrais estão localizados. Esse entrelaçamento se assemelha a um caduceu vivo e vibrante, o antigo símbolo do médico e das artes de cura, que sugere uma percepção oculta do padrão das energias transmissoras de saúde.

Por conseguinte, o chakra situado na base da coluna vertebral está particularmente associado à energia vital. Diz-se que ele corresponde ao aspecto do eu que é amiúde chamado de vontade, que representa a intencionalidade fundamental do eu. Na pessoa desenvolvida, essa energia, denominada kundalini, ascende, é transmutada, sendo depois ligada ao chakra coronário.

Os Chakras Subsidiários

Além dos chakras principais, existem vinte e um centros secundários de distribuição. Não iremos abordá-los em detalhe, embora possa ser útil ao pesquisador conhecer sua existência. Esses centros secundários, denominados *nadis* no Tantrismo Indiano, diferem dos verdadeiros chakras por serem basicamente pontos de concentração onde ocorre um maior fluxo de energia. Eles não estão associados a quaisquer glândulas específicas. Os únicos centros subsidiários dignos de nota no contexto deste trabalho são os da palma da mão e os da sola do pé, uma vez que são importantes na prática da cura ou do toque terapêutico.

O Sistema de Chakras

O processo vital é rico e complexo, um conjunto dinâmico de muitas energias e níveis de consciência. O corpo físico, que representa a consolidação final de todas essas forças, é tão complexo quanto as energias que o formam e energizam. Algumas indicações da ação dessas energias e do seu efeito sobre a saúde física e a doença são o assunto na nossa pesquisa.

Reconhece-se em fisiologia que as funções do corpo encerram um sistema delicadamente organizado e integrado. Se pudéssemos observar o padrão de energia de todo o corpo etérico, inclusive dos seus chakras, ele também seria visto como um sistema complexo porém lindamente integrado e matematicamente coordenado. Desse modo, se pudéssemos ampliar esse conceito de organização incluindo os chakras e suas energias como parte do funcionamento do corpo, nossa imagem daquilo que compõe um ser humano seria muito mais completa.

VI

O Corpo Astral e as Emoções

O corpo astral é o campo individual ou veículo do *sentimento*, que atua como uma ponte entre a mente e o corpo físico. A palavra "astral" foi usada pela primeira vez por Paracelso no século XVI para indicar o campo etérico ou vital, em virtude de sua aparência luminosa e reluzente. Com o correr do tempo, contudo, tanto o uso da palavra quanto seu significado se alteraram, e ela está agora associada ao nível das emoções, ou do pensamento colorido pelos sentimentos.

Estamos conscientes de que existem muitos tipos de energia no nível físico que interpenetram o mesmo espaço sem interferir umas com as outras. Existem ondas eletromagnéticas como as ondas da luz e do rádio, as ondas de som, e muitas outras. Quando a expressão "superior" é empregada com relação a um fenômeno de onda, não significa "melhor" ou mesmo "mais refinada"; quer dizer simplesmente que as energias consideradas se caracterizam por uma freqüência ou velocidade de vibração mais elevada. É bem semelhante à diferença entre o dó central e o dó agudo no piano. Analogamente, as palavras "acima" e "abaixo" são na verdade inadequadas para descrever uma condição em que os campos etérico, emocional e mental se interpenetram em todos os pontos.

Cada um desses campos possui suas qualidades específicas. Por exemplo, todas nossas emoções, disposições de ânimo e impressões podem ocorrer porque estamos cercados por um campo universal denominado astral, cuja condição é o *sentimento*. Essa afirmação não irá surpreender aqueles que se acostumaram à idéia de que toda a vida é acompanhada por um grau de reação consciente ao meio ambiente, o que permite às entidades vivas processarem as informações, desse modo crescendo e desenvolvendo-se. Essa reação consciente sempre se faz acompanhar de um sentimento, seja de prazer ou dor, de atração ou medo.

Por conseguinte, o campo astral ou emocional é verdadeiramente universal. É um mundo fluido de energias que se movem com rapidez, reluzem com suas cores e estão repletas de símbolos e imagens que nos tocam com sua beleza ou nos enchem de medo e ansiedade, uma vez que ele pode reagir tanto às idéias falsas e negativas quanto às nobres e elevadas. Em todos os casos, porém, o campo emocional é um componente intrínseco da vida humana que precisa ser compreendido e apreciado pelo que é.

Cada pessoa dentro do campo universal possui um campo emocional, por vezes chamado de aura ou corpo astral.[1] Todos nós escrevemos a história das nossas vidas — um registro de amores e ódios, sucessos e desapontamentos, coragem, sacrifício e aspirações — nesse campo individual das emoções. Existem as cicatrizes de tristezas passadas, bem como o belo registro de esperanças realizadas. Apesar da aura individual ser uma imagem de tudo o que a pessoa sente e já sentiu, ela é uma imagem móvel, e não estática, pois reflete tanto as potencialidades realizadas quanto as possibilidades não satisfeitas, bem como a dinâmica do momento presente. As pessoas que já estiveram perto da morte declaram que toda sua vida foi passada em revista diante dos seus olhos num clarão ofuscante, indicando que o nosso passado está sempre de algum modo presente em nós.

O campo emocional está permeado pela energia, do mesmo modo que o estão os campos físicos, mas neste caso ela se desloca com muito mais rapidez, sendo portanto percebida como uma oitava mais elevada de cor e som. A forma do campo emocional individual (o corpo astral, ou a aura) possui determinadas características estruturais que correspondem às do campo etérico e do próprio corpo físico. Para o clarividente, essa estrutura aparece como uma aura multicolorida que se estende de trinta e nove a quarenta e cinco centímetros além do corpo físico. Ela se assemelha a uma nuvem oval luminosa que circunda o corpo, como se o indivíduo estivesse suspenso no interior de uma bolha semitransparente de cores e padrões em constante modificação.

Essas cores indicam não apenas a qualidade mas também a intensidade dos sentimentos da pessoa, e ainda se são habituais ou momentâneos. Por conseguinte, os conflitos interiores podem ser percebidos observando-se o tom, a nitidez e a posição das cores. Com o passar dos anos, DVK aprendeu a distinguir o significado de muitas tonalidades de cores bem como o grau de sua pureza ou mistura com outros tons.

A textura do "corpo astral" é flexível — sendo amiúde descrita como fluida — possuindo a capacidade de se expandir bastante, mas a periferia é claramente definida, embora o material se dissipe imperceptivelmente no campo astral circunjacente. O ritmo da aura também é importante, pois denota o grau e o tipo de interação com os campos etérico e mental. No estado saudável, seu formato é uniforme e bem definido, não sendo desigual ou ondulado na borda. A região acima do diafragma normalmente indica o potencial da pessoa —

---

1. DVK irá descrever diferentes padrões nas auras e analisar seu significado num livro que será publicado em breve.

às vezes desenvolvido, às vezes não — e as cores dessa parte da aura são em geral mais claras e menos intensas. A área abaixo do diafragma indica experiências ativas e operantes, e aí as cores são em geral mais escuras, e a textura mais pesada e granulada. Ainda é impossível dizer se a lei universal da gravidade pode ou não funcionar no mundo astral, mas está comprovado que os sentimentos mais pesados ou grosseiros parecem gravitar na porção inferior do campo astral, ao passo que os sentimentos mais elevados e abrangentes estão situados acima da região do coração.

Todas essas características oferecem pistas para a explicação das idiossincrasias individuais, além de revelar a presença de anormalidades. Nas nossas investigações, usamos regularmente uma lista de conferência onde registrávamos nossas observações. Ela incluía sete categorias: a *qualidade* (tipo de energia, densidade de substância, pureza de tom), a *textura*, a *forma* (se é simétrica ou assimétrica), a *cor* (e sua localização dentro da aura), o *movimento* (se rítmico ou turbulento), o *relacionamento* (com os corpos etérico e mental), e a *luminosidade*.

A característica fundamental da aura é o dinamismo: é um padrão caleidoscópico de cores, cujo tom e brilho denotam a qualidade das emoções. Na pessoa comum elas variam de acordo com a disposição de ânimo, e por conseguinte as cores ficam mais ou menos intensas, mais escuras e mais claras, e as energias que as impulsionam estão em constante movimento. Por exemplo, um indivíduo que estiver feliz na presença de um amigo que lhe é caro irá exibir um padrão harmonioso de cores banhadas por um adorável tom rosado, ao passo que durante a meditação ou prece, as cores poderão estar revestidas de azul e dourado. A raiva lança o vermelho através da aura como um raio, ao passo que o desgosto inunda todo o campo de uma nuvem cinza.

Existem contudo cores básicas que caracterizam a condição ou capacidade emocional inata do indivíduo que variam em geral muito lentamente. Além disso, as emoções que são mantidas por um longo período de tempo permanecem relativamente constantes na aura. Quando são negativas, como a depressão ou o ressentimento, podem afetar o fluxo de energia, o que tem um efeito de longo alcance na condição dos corpos etérico e físico. Por exemplo, os estados de ansiedade surgem como nuvens azul-acinzentadas dentro do campo astral, localizadas próximo ao centro do corpo perto do chakra umbilical. Isso faz com que a energia astral flua para dentro na direção do corpo, inibindo a circulação, geralmente livre, de energia através do campo emocional. Quanto mais a cor cinza-azulada está perto do corpo físico, mais grave é o grau de ansiedade e maior a intensidade do seu impacto sobre a saúde. Quando essa cor tende a se situar próximo à periferia da aura, significa que a pessoa está a caminho de se libertar da ansiedade. A atividade no campo do corpo emocional pode ser comparada às mudanças nas condições atmosféricas da Terra, quando observações realizadas pelos satélites confirmam as regiões assoladas pelas tempestades. De forma semelhante, o clarividente consegue perceber as tempestades que perturbam o indivíduo enquanto causam distúrbios na sua aura.

As cores da região abaixo do diafragma denotam os sentimentos mais comuns e sensatos — os que fazem parte da vida cotidiana — ao passo que as cores da área acima desse nível, especialmente aquelas da região ao redor da cabeça, indicam qualidades intelectuais e espirituais.

Quando os sentimentos não estão sob o controle ou orientação do eu, ou não sofrem influência de princípios éticos, podem se tornar selvagens e caóticos. Nesses casos, a pessoa que se identifica basicamente com suas emoções pode ficar à mercê de todas as suas tempestades e estresses, oscilando entre extremos de amor e ódio, alegria e tristeza, felicidade e dor.

Cada ser humano está constantemente criando ondas e correntes de energia emocional pela maneira como reage ao mundo à sua volta. Na nossa vizinhança imediata, "povoamos" nosso espaço com nossas imagens emocionais, sejam elas positivas, negativas ou neutras. Por sua vez, essas imagens fazem pressão sobre nós encorajando-nos a repetir os mesmos sentimentos que as fomentaram. Desenvolvemos assim padrões emocionais habituais. O material do mundo astral é extremamente impressionável, reagindo rapidamente às formas-pensamento ou imagens com que impregnamos nossos sentimentos. Essas imagens podem derreter como a neve ao sol e desaparecer, mas outras podem ser mais resistentes permanecendo um longo tempo conosco; estas últimas são amiúde percebidas pelos clarividentes em volta do seu criador.

Se aceitarmos a idéia de que somos sistemas dinâmicos que estão constantemente recebendo e irradiando energia, poderemos compreender o grau em que os seres humanos afetam mutuamente seus campos emocionais. É claro que isso varia de acordo com a estabilidade e integração interior do indivíduo. Quando uma pessoa se identifica com suas emoções, reage prontamente de forma natural às emoções dos outros. Ela pode ser uma pessoa carinhosa e encantadora, mas pode se tornar também vítima das perturbações emocionais dos outros indivíduos.

Com o passar dos anos, a humanidade introduziu uma grande quantidade de "fumaça" ou detritos na atmosfera emocional. A violência que impera no mundo de hoje, por exemplo, está constantemente aumentando a poluição dessa dimensão da vida. As pessoas cujas atitudes emocionais são receptivas a essas freqüências negativas podem ser fortemente afetadas por essas influências perturbadoras, o que pode intensificar sua tendência para a violência. Sob o aspecto positivo, à medida que examinamos o clima emocional do mundo de hoje, ficamos conscientes das inúmeras forças construtivas que estão em ação. O desejo da paz mundial, a preocupação com a justiça social, a compaixão pelas vítimas dos desastres naturais ou econômicos, a busca de métodos para prevenir a doença e aliviar o sofrimento humano — todos esses sentimentos ecoam as forças curadoras do campo emocional universal, ajudando a criar ordem e harmonia.

Poderíamos dizer, portanto, que o corpo astral de cada um de nós é resultado tanto da atividade emocional individual, conscientemente orientada ou não, quanto da interação com outras energias pertencentes ao campo astral geral. Cada indivíduo mantém um intercâmbio contínuo com outras pessoas e com o meio ambiente como um todo. Essa troca liberal é extremamente importante para a saúde, pois até um ambiente negativo não precisa necessariamente ser prejudicial se a pessoa envolvida mantiver as ligações abertas. O campo astral, como todos os outros, é universal, não existindo portanto em seu interior barreiras concretas, embora as condições locais possam intensificar ou reduzir seu fluxo. Desse modo, existem sempre elementos purificadores e energizantes em todos os ambientes, mesmo em locais como hospitais e prisões, pois o indivíduo pode transcender as circunstâncias imediatas voltando-se para a totalidade da natureza.

Não obstante, atraímos os elementos do meio ambiente aos quais estamos habituados, pois o semelhante atrai o semelhante. A atividade emocional consciente estabelece padrões de interação que podem, num determinado período de tempo, modificar a aura de um indivíduo. A aura pessoal ou corpo astral também é afetada pelo impacto dos inúmeros tipos de emoções que a invadem. Desse modo, nosso ambiente astral exerce um efeito sutil porém marcante sobre nós.

A energia emocional é uma força poderosa que pode ser construtiva ou destrutiva, dependendo do modo como é usada. Quando controlada e orientada pelo eu, pode tornar-se uma força verdadeiramente criativa voltada para a mudança e o crescimento. Ela não é em geral percebida desse modo no atual estágio do desenvolvimento humano, mas o interesse que a meditação vem despertando ultimamente está começando a nos mostrar o poder das emoções positivas, como o amor, de efetuar a autotransformação.

Pessoas clarividentes como DVK são capazes de perceber detalhadamente a aura astral, mas muitos outros sensitivos conseguem perceber o mundo astral de uma forma genérica. Às vezes, essa sensitividade não está sob controle, o que pode causar dificuldades. Uma pessoa, por exemplo, pode se sintonizar consciente ou inconscientemente, com os sentimentos de outra de modo tão intenso chegando a sentir de forma física sua dor e sua angústia. Muitas enfermeiras e pessoas que aspiram dedicar-se à arte da cura se abrem dessa maneira, empatizando com os sentimentos do paciente e assimilando-os. Quando as causas não são conhecidas, esses indivíduos podem ser tomados por hipocondríacos, uma vez que os sintomas físicos podem mudar constantemente. Por outro lado, essa habilidade poderia ser extremamente útil para um médico auxiliando-o a diagnosticar a origem de uma doença. Uma pessoa pode transformar uma faculdade perturbadora passível de causar exaustão emocional num valioso talento, se perceber que possui um tipo de percepção sensorial que pode ser controlada.

Os Chakras Astrais

Existem no corpo astral sete centros ou chakras principais, que correspondem aos do nível etérico. Do mesmo modo como os chakras etéricos sorvem as energias do campo etérico universal, os centros astrais também estão abertos ao grande oceano de energia astral no qual estão imersos todos os seres vivos.

À medida que a energia astral entra e sai desses centros do campo universal, ela vitaliza e organiza o corpo astral ou aura. Os chakras astrais têm o formato semelhante ao das estruturas etéricas em forma de pétalas agrupadas em torno de um núcleo central. Como no campo etérico, a energia flui para esse núcleo, circula através das pétalas e volta mais uma vez para o oceano de energia astral. No caso do ser humano individual, a qualidade do corpo astral ou do padrão do campo individual depende da condição e da qualidade emocional. É como se a pessoa, ao interagir com o campo universal, absorvesse as energias particulares com as quais está em sincronia, e filtrasse as que lhe são estranhas, do mesmo modo como um organismo vivo só processa a informação que é capaz de usar. Desse modo, todos deixamos a marca das nossas emoções no mundo astral, além de afetarmos o caráter do campo universal, mesmo que seja num grau infinitamente pequeno em relação ao todo.

Os chakras astrais também funcionam como elemento de ligação com os do nível etérico, integrando assim os dois campos. Dependendo do desenvolvimento e do grau de integração do indivíduo, esses centros exibem um fluxo de energia harmonioso e ritmado, ou, ao contrário, um padrão perturbado e desarmônico que denota uma forma de instabilidade emocional. A preocupação crônica, por exemplo, produz um distúrbio no chakra umbilical no nível emocional; esse fato, por sua vez, cria uma perturbação no chakra correspondente do nível etérico, o que afeta diretamente o trato digestivo e o fígado.

Os chakras astrais são sempre mais brilhantes do que os do nível etérico, mas são ao mesmo tempo mais difíceis de serem descritos com precisão no que diz respeito, por exemplo, à sua textura. Sua elasticidade apresenta pequena ou nenhuma variação, aparentando ser constante. Existem ocasiões em que os centros astral e etérico podem estar relacionados e o mental desequilibrado; quando a cor cinza predomina num centro astral, é sinal de que existe um bloqueio entre os campos emocional e mental.

Na sua avaliação dos chakras astrais, DVK verifica especialmente o grau de harmonia existente entre os centros, além de observar se um dos centros gira mais rápido ou mais devagar do que os outros. Se o corpo astral estiver perturbado de um modo geral, a energia irá fluir na direção de um determinado chakra, normalmente o do plexo solar. É igualmente importante para a saúde que exista harmonia entre o centro astral e o etérico. Um ritmo constante e harmonioso entre os chakras astrais e os etéricos significa um bom relacionamento interior, ao passo que a desarmonia e a dissonância poderão causar a doença.

Uma ruptura nas pétalas ou no núcleo de um dos centros astrais que provoque um vazamento de energia tenderá a tornar mais vulneráveis tanto esse centro quanto a energia fornecida à parte do corpo correspondente; isso poderá ou não conduzir à doença ou a um estado de saúde grave.

O Chakra Coronário

Ao contrário do etérico, o corpo astral não possui contrapartes visíveis nos órgãos físicos, como o baço ou o trato intestinal. Existe, contudo, uma troca de energia. Quando, por exemplo, o fluxo de energia astral no centro coronário é fraco, podemos esperar graves distúrbios mentais ou até mesmo a deficiência mental extrema. Se, por outro lado, os níveis etérico e astral combinam em cor e brilho, há uma forte indicação de que os processos do pensamento são claros e ativos. O reflexo da glândula pineal pode aparecer como uma cor dourada no corpo astral, mas não existe uma verdadeira contraparte desse órgão.

O Chakra Laríngeo

Este centro está particularmente associado ao ritmo e ao som. Nas pessoas clariaudientes, ou naquelas sensíveis a sons fisicamente inaudíveis, as pétalas desse centro são maiores e mais luminosas do que habitualmente. Num processo de diagnóstico, o principal fator a ser observado com relação a este centro é seu grau de harmonia com o chakra etérico.

O Chakra Cardíaco

Nas pessoas que meditam regularmente, o centro cardíaco é maior do que de costume, pois ele se expande com facilidade. Ele também tende a ser mais luminoso, e seu movimento rítmico é acelerado. As ligações com os níveis superiores de consciência descritos no Capítulo VII também são mais visíveis.

O Chakra Umbilical ou do Plexo Solar

Este é o centro de energia emocional mais ativo na maioria das pessoas. Ele é a ponte entre as emoções e o campo físico e o etérico, e sua ligação mais estreita com o físico se dá com o estômago e todo o trato gastrointestinal. DVK adota a teoria de que o chakra umbilical funciona como um amortecedor entre a entrada da energia astral e sua distribuição pelo corpo.

As cores desse chakra são um tanto ou quanto variáveis: numa pessoa integrada, o verde indica equilíbrio; um tom um pouco diferente denota compreensão ou adaptabilidade; uma mistura de amarelo e verde revela interesse em expressar idéias sob forma física. Os inventores e projetistas possuem amiúde essa combinação de cores. Existe também um verde amarelado de tonalidade enfermiça, completamente diferente, que denota ciúme, ao passo que o amarelo misturado com o cinza implica frustração com relação ao trabalho.

O Chakra Raiz ou Fundamental

Este centro, situado na base da coluna vertebral, está estreitamente ligado ao chakra coronário, estando portanto associado ao desenvolvimento espiritual do indivíduo. Quando existe uma integração entre esses dois centros, a energia se ergue do chakra raiz sem que haja qualquer impedimento ou perturbação, particularmente no campo emocional e no etérico.

A Coluna Vertebral e o Cérebro Astrais

A energia astral penetra normalmente no campo individual através do chakra umbilical, podendo se deslocar em duas direções, dependendo de existir ou não alguma obstrução ao seu fluxo ao longo da "coluna vertebral" astral, onde estão situadas as raízes dos chakras. Num estado normal e saudável, a energia astral flui para cima na direção da cabeça, mas quando é obstruída, volta-se e flui para baixo, intensificando a atividade sexual. Quando isso acontece, ocorre ainda uma diminuição da energia astral no cérebro, o que causa um distúrbio no equilíbrio do controle.

A energia raquidiana astral, à semelhança da sua contraparte etérica, ergue-se do chakra situado na base da coluna vertebral fluindo para cima na direção do bulbo raquidiano através de três correntes que correspondem à *ida, pingala,* e *sushumna.* DVK descreveu-as assim: a corrente à direita da coluna vertebral astral ergue-se do lado direito do núcleo do chakra raiz fluindo para cima na direção da parte posterior da cabeça; tem aproximadamente um centímetro de diâmetro e é azul-pálida (ao passo que sua contraparte etérica é verde-azulada). A corrente do lado esquerdo é uma reprodução exata da do lado direito, exceto quanto ao aspecto da cor, que é cor-de-rosa (enquanto que a etérica é verde-azulada). A energia que flui através da parte central da coluna vertebral astral ergue-se do núcleo do chakra raiz, desloca-se para cima bifurcando-se na região próxima do bulbo raquidiano, onde as duas divisões se entrecruzam: a energia do lado direito vai para o cérebro esquerdo, e a do lado esquerdo para o cérebro direito. Essa corrente central é mais brilhante do que as outras duas, sendo opalescente e multicolorida, com uma grande quantidade de amarelo e laranja. Quando é muito brilhante com predominância do amarelo, denota um estado saudável.

No que diz respeito ao cérebro, a energia no nível astral é estruturada de forma diferente que a do etérico, parecendo haver alguma ligação entre o cerebelo, a glândula pineal e o chakra coronário. No nível astral, existe normalmente uma tremenda quantidade de energia no cérebro.

Nossos leitores sem dúvida já terão percebido que não descrevemos a função de todos os chakras astrais. Isso se deve ao fato de a nossa pesquisa estar confinada às regiões do corpo associadas aos chakras particulares acima mencionados. Existem outros que não foram descritos.

VII

As Dimensões Superiores da Consciência

O terceiro aspecto ou faceta do eu pessoal é o instrumento por meio do qual a mente se expressa; na literatura teosófica e esotérica ele é tradicionalmente chamado de corpo mental. Como já foi mencionado, do mesmo modo como o nível emocional ou astral possui uma freqüência mais elevada e um estado de materialidade mais sutil do que o etérico, o mental também tem uma contextura mais fina e se desloca com maior rapidez do que o astral. Contudo, é preciso não esquecermos que o campo mental interpenetra os campos astral e etérico em todos os seus pontos, e ainda que o corpo mental também se harmoniza em estrutura com esses veículos. A dimensão mental está em constante interação com outros aspectos da personalidade durante toda a vida, e sua energia permeia todas as experiências, inclusive quando não estamos envolvidos em atividades intelectuais ou até mesmo pensando de forma consciente.

A energia oriunda do inesgotável reservatório do campo mental universal que jorra sobre os chakras mentais circula através do sistema de chakras mentais de uma maneira bastante semelhante à dos níveis astral e etérico. Contudo, a mente é mais complexa do que as emoções; ela possui na verdade duas funções ou aspectos primários que tornam possíveis a sutileza, a originalidade e o poder conceptual da mente, ao mesmo tempo em que ela pode nos conduzir ao falso raciocínio e à auto-ilusão. Em virtude da sua natureza de múltiplas facetas, os hábitos e padrões da mente podem não apenas afetar o processo da doença de maneira adversa, como também representar uma poderosa força para a saúde, o crescimento e a mudança.

No nível das experiências cotidianas, a mente é o instrumento que integra e interpreta o fluxo de dados sensoriais que nos chegam de todos os lados. Todos esses dados são processados e avaliados pelo cérebro/mente e aplicados ao nosso comportamento. Esse aspecto da mente fornece o bom senso que todos empregamos nos assuntos da vida cotidiana, e que percebe os relacionamentos entre as coisas, pessoas e eventos que dão a esses fenômenos contexto e significado.

A mente conceptual ou abstrata percebe um significado de ordem mais elevada: as idéias que dão significado aos eventos; as unidades que sustentam as variáveis da vida; a estrutura, proporção, equilíbrio, harmonia, ordem e legitimidade da natureza; o relacionamento entre a vida humana e a Terra, bem como entre o indivíduo e a humanidade. Essa dimensão da mente é um atributo humano universal, embora talvez não tenha o mesmo grau de desenvolvimento em todos nós.

O corpo mental humano é um ovóide, à semelhança do corpo astral, mas é consideravelmente maior e menos denso do que este último. Suas cores e sua qualidade indicam com eficácia os interesses e os poderes mentais do indivíduo, sejam eles latentes ou ativos, pois às vezes as habilidades que nascem conosco não se desenvolvem completamente durante a vida. Tudo isso aparece no corpo mental, do mesmo modo como a aura astral revela de maneira precisa a vida emocional.

Tendo em vista a estreita ligação entre os campos mental e emocional, a mente é afetada pela emoção, do mesmo modo como os sentimentos são condicionados pelo pensamento. Esta é uma característica universal, mas quando desequilibrada ou fora de controle, a condição pode tornar-se patológica. Entretanto, quando a mente não é tolhida por estresses emocionais, ela é um instrumento delicado e flexível para a integração e assimilação de todos os níveis da experiência pessoal: mental, emocional e física.

O cérebro físico, à semelhança de um supercomputador, registra, armazena e reconstitui o que a mente descobre ou cria. A concepção do relacionamento mente/cérebro que emerge da nossa pesquisa é bastante diferente daquela gerada pela maior parte das teorizações psicofisiológicas. Longe de as considerarmos produto da atividade cerebral, julgamos que tanto a depuração do significado quanto a interpretação da experiência derivam de um nível mais profundo do eu. Essa percepção interior é então desenvolvida racionalmente pela mente e liberada para outro tipo de conhecimento, enquanto o cérebro, que é o instrumento da mente ou parceiro físico, registra as informações. Em outras palavras, a mente depende do cérebro para se expressar de forma física, mas ao mesmo tempo também transcende o mecanismo cerebral conseguindo até certo ponto compensar seus defeitos.

O corpo mental se estende cerca de noventa centímetros além da periferia do corpo físico, interpenetrando tanto o corpo astral quanto o etérico. O indivíduo que percebe o "Eu" mais em função dos seus pensamentos do que dos seus sentimentos, possui em geral um corpo mental mais brilhante e vital do que a média das pessoas, e, ainda, uma textura mais fina. Quando essa pessoa usa a mente, a energia sai e entra mais rapidamente dos chakras mentais, e todo o corpo mental se torna mais ativo e luminoso.

A velocidade através da qual a energia entra e sai dos chakras, o brilho das cores, o ritmo e o grau de luminosidade dos diferentes chakras indicam a qualidade do corpo mental e as **áreas de desenvolvimento especial**.

Quando o relacionamento é harmonioso desde o nível mental até o etérico, passando pelo emocional, o fluxo de energia através dos chakras exibe um padrão rítmico e desobstruído. Lamentavelmente, muitos seres humanos estão sujeitos a tempestades mentais ou emocionais e estresses periódicos, os quais, por sua vez, afetam os corpos etérico e físico.

As energias no nível mental são emitidas numa velocidade mais rápida, além de serem mais voláteis do que as energias inferiores. Na verdade, quando a energia entra e sai vigorosamente, o campo em volta do indivíduo se ilumina, o que afeta seu ambiente em proporção direta à força do pensamento. Desse modo, as idéias carregadas com poder mental influenciam fortemente outras pessoas. Esse fato pode ou não estar diretamente relacionado com a verdade das idéias em si: idéias nobres suportam a prova da História contribuindo para o crescimento da cultura humana, mas as idéias errôneas podem dominar grandes grupos de pessoas quando são projetadas com grande força e convicção, como no caso do nazismo na Alemanha.

O poder transformador do pensamento, quando reforçado pela convicção, é bastante conhecido. A conversão religiosa é um dos exemplos; porém, num nível inferior, a capacidade de romper hábitos há muito existentes, como o fumo, resulta do poder mental de alterar o comportamento. Já não acreditamos mais no ditado, "Penso, logo existo", mas percebemos que aquilo que pensamos nos afeta fortemente, seja como indivíduos, membros de organizações ou cidadãos de uma nação. Na verdade, o objetivo ou caráter nacional depende amplamente da opinião de um povo sobre si mesmo.

De que forma essas idéias muito difundidas são transmitidas? O efeito é parcialmente alcançado através da argumentação escrita e do discurso, mas principalmente através de um ponto de vista comum ou de uma concepção de mundo baseados numa forte imagem mental, a qual se tornou conhecida como forma-pensamento. A disseminação das idéias é alcançada através da habilidade da mente de construir uma imagem poderosa e bem definida dentro do corpo mental, e depois de dirigi-la na direção do objeto com clareza e intensidade. A capacidade de projetar claramente os pensamentos é um fator importante tanto na área do ensino quanto na vida política. Contudo, a habilidade de criar formas-pensamento poderosas também pode repercutir negativamente sobre nós, pois, se elas se tornam excessivamente rígidas, podem envolver-nos e aprisionar-nos no interior de um muro criado por nós mesmos, impedindo a entrada de novas idéias e de novas energias mentais. Tornamo-nos então radicais, ou fanáticos, rejeitando tudo que não corresponda à nossa interpretação da verdade.

Alguns clarividentes são capazes de ver as formas-pensamento dentro do corpo mental de um indivíduo. Uma conversa com a falecida Phoebe Payne Bendit, reconhecida como uma clarividente competente e experiente, ajudou bastante a esclarecer este assunto.

Ele contou o caso de um homem que a procurou afirmando estar possuído por diversos grandes músicos já falecidos, e que outros clarividentes haviam confirmado sua asseveração. Mas quando Phoebe Bendit o observou com cuidado, constatou que as figuras não eram em absoluto desses músicos há muito desaparecidos, e sim seus pensamentos ansiosos por serem satisfeitos que ele havia impregnado de seus desejos e esperanças. Ela avisou sua família que ele estava caminhando na direção de uma grave doença mental, o que, infelizmente, veio a ocorrer alguns meses depois, quando foi diagnosticada uma esquizofrenia paranóide e ele foi internado num hospital de doentes mentais.

Quando perguntaram à Sra. Bendit como ela distinguira a forma-pensamento do paciente de uma entidade astral verdadeira, ela respondeu: "Como se diferencia uma pessoa viva de uma estátua? Não é óbvio que uma está viva e a outra não? O mesmo critério se aplica ao plano astral e ao mental. Uma pessoa de verdade, mesmo já falecida, possui em torno de si uma qualidade vital, movendo-se, mudando e reagindo ao que está ocorrendo. Uma forma-pensamento, ao contrário, não tem vida e é estática, e sua energia provém dos campos astral e mental do indivíduo que a alimenta."

A grande vantagem de sermos capazes de ver as formas-pensamento é que podemos ter consciência daquilo que estamos gerando, transformando-as em imagens mais construtivas. Mas mesmo quando não conseguimos vê-las através da clarividência, se percebemos que nossos pensamentos têm a capacidade de afetar diretamente outras pessoas e que os energizamos com nossas emoções, começamos a nutrir um certo grau de responsabilidade pelas nossas ações, e passamos até a reconhecer que os pensamentos são de fato um tipo de ação, na medida em que afetam o comportamento.

O Efeito da Visualização

A habilidade de usarmos nossas mentes de forma construtiva para poder alcançar uma boa saúde e a autotransformação é literalmente assunto de centenas de livros atualmente oferecidos ao público. A maioria sugere métodos que podem ser empregados com um certo grau de sucesso, pois a mera convicção de que podemos operar a mudança e o crescimento pessoal já é bastante para dar início ao processo. Em virtude do interesse demonstrado por diversas técnicas que empregam não apenas a visualização como também diferentes formas de relaxamento e/ou de meditação, realizamos uma investigação exploratória das maneiras como os estudantes usam algumas dessas técnicas.

Descobrimos que determinados membros do grupo que estudamos não possuíam qualquer habilidade de perceber uma imagem mental. Quando fechavam os olhos, a única coisa que percebiam era um espaço vazio e a escuridão. A maior parte dos estudantes, contudo, eram capazes de manter nos olhos da mente o objeto que lhes era solicitado visualizar, como o rosto de um amigo ou simplesmente uma figura geométrica colorida. Quando lhes perguntávamos como percebiam essa imagem mental, a maioria afirmava visualizar o objeto afastado de si, a uma distância de cerca de vinte centímetros à frente dos olhos, como se estivessem lendo um livro. Outros declaravam visualizar o objeto dentro da cabeça, normalmente nos lobos frontais do cérebro, embora alguns dissessem que o viam na parte posterior do cérebro, na região occipital. Houve também um grupo bem pequeno que disse que conseguia não apenas pensar no objeto como também percebê-lo como uma imagem cintilando diante de seus olhos sem uma localização específica.

Na maioria dos casos, a imagem mental formada permaneceu estática. Embora a manutenção dessa imagem possa ser um excelente exercício de concentração mental, exercerá pouca influência sobre os campos mental, astral e etérico a não ser que ela seja energizada e se torne dinâmica. Se, por exemplo, uma pessoa estiver emocionalmente perturbada e lhe pedirem que visualize um disco verde sobre a região do plexo solar para que se acalme, esse disco deverá ser percebido como uma luz verde penetrando no seu plexo solar harmonizando desse modo toda a região abdominal. Em outras palavras, para que a forma-pensamento seja eficaz, precisa manter sua dinâmica.

Numa outra experiência, pediram a DVK que observasse o efeito sobre o chakra laríngeo de VPN enquanto esta visualizava determinadas cores e formas geométricas. Nada foi dito a DVK a respeito dos símbolos que estavam sendo empregados, e ela devia apenas observar seus efeitos sobre o citado chakra, que estava levemente imperfeito.

VPN visualizou inicialmente uma figura azul-violeta em forma de diamante que media alguns centímetros e estava situada na frente do chakra laríngeo. DVK não informou qualquer efeito. O segundo símbolo visualizado foi um objeto dourado em forma de diamante. DVK informou que a imagem estava acelerando levemente o chakra laríngeo, mas que o efeito era mais visível no nível astral do que no etérico, onde o símbolo não parecia atingir o núcleo do centro. Quando um diamante azul-prateado foi visualizado, o chakra astral também foi afetado, mas não o etérico. A conclusão pareceu ser que quando a visualização nada mais é do que um exercício puramente mental, ela não dá a impressão de afetar os chakras. Por outro lado, estes reagem à visualização de um símbolo que tenha alguma importância ou um significado interior para quem está realizando o exercício, como foi comprovado pelo emprego eficaz da visualização em alguns pacientes.

Os Chakras Mentais

Os chakras do corpo mental se harmonizam com os do nível astral e etérico, processando energia e atuando como meio de troca com o campo mental universal. Cada chakra mental também está estreitamente ligado à sua contraparte de maior freqüência no nível intuitivo (búdico). Eles formam em conjunto um sistema estreitamente integrado que poderia ser concebido como uma grade tridimensional, na qual as energias se deslocam lateralmente através de cada sistema de chakras e também verticalmente entre os diferentes níveis. A energia do nível mental se desloca mais rapidamente e numa freqüência mais elevada do que a do emocional, do mesmo modo como a do emocional é mais elevada do que a do etérico.

A energia do campo mental se reduz à medida que passa pelos chakras, podendo desse modo ter um efeito direto sobre o corpo físico se não for bloqueada no nível emocional, o que algumas vezes ocorre.

A freqüência da energia que flui para os chakras depende do desenvolvimento mental do indivíduo. Quando ocorre um distúrbio em um dos centros mentais, ele é transmitido para os níveis emocional e etérico, mas o mais comum é que o distúrbio aconteça no nível astral. Uma perturbação astral não apenas afeta o chakra etérico como também inibe a energia oriunda do nível mental. Todo o processo é bastante complexo.

Quando existe um relacionamento harmonioso entre os vários aspectos da personalidade, a energia flui rítmica e livremente de nível para nível. Lamentavelmente, esse equilíbrio é bastante raro, uma vez que as pessoas interrompem a harmonia de diversas maneiras: através do estresse, da ansiedade, da rigidez mental e das perturbações emocionais, e muitas outras. Quando essas condições persistem, o corpo físico acaba sendo afetado de forma desfavorável.

À semelhança dos chakras astrais, a velocidade com a qual a energia entra e sai dos vórtices, o brilho das cores, o ritmo e a luminosidade dos diferentes centros indicam à qualidade e o poder da mente, bem como as áreas de desenvolvimento ou habilidade especial.

O Corpo Causal

Embora o corpo causal não seja objeto de nossas investigações, DVK verificou ser impossível deixar de referir-se ocasionalmente a ele, uma vez que a realidade fundamental dentro de cada ser humano é aquilo que denominamos o Eu, embora também seja conhecida como Alma ou Espírito. O envoltório mais elevado do Eu, conhecido como buddhi (percepção interior, sabedoria, "visão clara" ou *prajna*), é chamado de "causal" porque, segundo o esoterismo, ele conduz a intencionalidade fundamental de *ser* do Eu, que é a causa última da nossa existência.

Não importa qual o nome, essa é a dimensão real, duradoura, da verdadeira existência dentro de cada um de nós — aquela que subsiste através de todas as mudanças e vicissitudes da vida, atribuindo-lhe significado e continuidade.

Essa dimensão espiritual é a origem de tudo que há de melhor em nós, podendo exercer uma poderosa influência no sentido do crescimento e da autotransformação. De acordo com a doutrina da reencarnação, os frutos da experiência que transformamos em qualidades permanentes assinalam o crescimento ou a evolução do eu individual. Elas passam de vida para vida no interior do corpo causal que se torna uma combinação das qualidades mais elevadas do Eu: a percepção interior, a intuição ou conhecimento direto, a criatividade, a intencionalidade, o anseio de Deus ou do Bem, e as formas mais puras de amor e compaixão. Ele pode ser considerado o verdadeiro veículo da autopercepção, se com isso estivermos nos referindo à consciência universal focalizada no eu individual.

Sob o aspecto da clarividência, o corpo causal é pálido e etéreo, possuindo cores iridescentes como as de uma bolha de sabão. Ele foi chamado de *Augoeides* pelos gregos, a irradiação luminosa do Eu Espiritual, da qual a vida encarnada é apenas a sombra. Mas ele também é denominado "causal" porque reúne os frutos das nossas longas lutas e sacrifícios para ter mais entendimento, e é nele que se encontram as verdadeiras causas daquilo que somos aqui e agora — as sementes das qualidades da nossa mente e do nosso coração. Nesse nível, o Eu não é restringido pelos limites usuais de tempo, espaço e causalidade, sendo capaz de sentir a universalidade da vida além de perceber significados e relacionamentos que nos são amiúde ocultados durante a existência física.

O corpo causal não se desintegra com a morte como acaba acontecendo com os corpos astral e mental, perdurando vida após vida. No Tibete, os tulkus ou "encarnações" são considerados santos ou mestres que renascem repetidamente tendo acesso às mesmas lembranças e habilidades que possuíam anteriormente. Embora esses casos sejam raros, a dimensão causal contém a essência de toda a experiência terrena do indivíduo, e como está sempre presente, este registro é acessível a qualquer pessoa que tenha a capacidade de percebê-lo.

No caso de alguns de nossos pacientes, ficou claro para DVK que os problemas que encontrou tinham suas raízes em níveis além do físico, do emocional ou até do mental, e ela foi portanto buscar sua explicação num nível mais profundo, na dimensão causal.

3
A CLARIVIDÊNCIA COMO FERRAMENTA DE DIAGNÓSTICO

VIII

Os Antecedentes da Pesquisa sobre a Clarividência

Os elementos obtidos com a pesquisa da clarividência neste século são escassos, e mesmo assim, foram desenvolvidos através da iniciativa pessoal sem que fosse dada muita atenção à necessidade de sua verificação. Por conseguinte, embora exista alguma literatura a respeito da investigação de clarividência, não é do tipo que desperte a atenção da comunidade científica. Contudo, é importante observar que, embora a faculdade da clarividência seja rara, não é de modo algum um fenômeno isolado. Por esse motivo, um exame do material histórico a que nós temos acesso poderá servir de contexto para a pesquisa apresentada aqui.

Iremos nos restringir a ocidentais que testemunharam habilidades paranormais em suas vidas e no seu trabalho, deixando de lado os relatos dos videntes orientais. É claro que estes últimos são bem mais numerosos, mas como estão encerrados numa cultura que sempre aceitou a presença de forças ocultas e dimensões superiores de percepção, houve pouco esforço sistemático no sentido de relacionar esses relatos com provas empíricas.

No Oriente, as habilidades paranormais são consideradas acompanhamentos ou subprodutos naturais do treinamento das práticas iogues, a ênfase sendo por conseguinte sempre no autodesenvolvimento e não na aquisição dos poderes por si próprios. Os iogues podem ser capazes de interromper suas funções vitais por dias ou semanas, de viver praticamente sem comida, de manter o calor do corpo enquanto se sentam sobre um monte de neve, de levitar ou abandonar o corpo físico quando bem entendem, tudo isso sem chamar muita atenção ou fazer com que alguém demonstre interesse em documentar essas práticas.

No Ocidente, contudo, as habilidades paranormais sempre foram tradicionalmente encaradas com suspeita, tomadas por bruxaria e por demonismo, ou, na melhor das hipóteses, por alucinações e auto-enganos. Apenas os santos e os videntes eram excluídos, uma vez que suas experiências visionárias eram santificadas por cenário religioso. Com a ascensão do Iluminismo no século XVIII e da ciência materialista no século XIX, a concepção do mundo ocidental passou a ter pouco espaço para qualquer coisa que não pudesse ser explicada em função da realidade física.

O final do século XIX, contudo, viu o fim da era do antigo fisicalismo. A descoberta do raio X e da radioatividade surgiu logo depois que uma onda de interesse nos fenômenos psíquicos, na mediunidade e nas comunicações depois da morte varreu a Inglaterra e os Estados Unidos. A mediunidade de transe, as materializações, *apports*, a fotografia psíquica, a sobrevivência da forma astral depois da morte e fenômenos semelhantes tornaram-se objeto de intensa pesquisa feita por pessoas de boa reputação e julgamento crítico. Nomes conhecidos como *Sir* William Crookes e Arthur Conan Doyle, junto com a British Society for Psychical Research, são associados às extensas investigações levadas a cabo em muitos dos diferentes aspectos do psiquismo. Alguns dos precursores deste campo inexplorado são de grande interesse para aqueles que estão procurando, como nós, classificar as pesquisas atuais, para que não dêem a impressão de ser um fenômeno impossível de se repetir.

Vamos começar esta lista curta e, sem sombra de dúvida, incompleta com um físico, Philippus Theophrastus Bombast de Hohenheim, mais conhecido por Paracelso, que viveu e exerceu suas atividades no início do século XVI. Acredita-se que tenha viajado para a India, onde estudou os princípios esotéricos. Ele foi certamente o primeiro escritor pós-renascentista a descrever a constituição sétupla do homem, os espíritos terrestres e a natureza dos corpos superiores. Foi ele quem inventou o termo "astral" com significado de estrelado, embora ele o aplicasse ao campo que agora denominamos etérico ou vital. Pode-se depreender nitidamente dos seus escritos que ele era capaz de ver o campo etérico e que usava suas percepções tanto na medicina quanto na cura. Essas práticas trouxeram-lhe ao mesmo tempo a fama e a desonra, e acredita-se que ele tenha morrido envenenado em virtude de suas idéias pouco ortodoxas.

Emanuel Swedenborg, mais conhecido através da igreja que recebeu seu nome, foi um prendado e versátil cientista, famoso como paleontólogo, físico e fisiólogo, tendo estudado as funções do cérebro e das glândulas endócrinas. Na meia-idade, ele abandonou a pesquisa física para se dedicar à investigação psíquica, afirmando ter sido já há muito instruído por seus sonhos, ter tido visões e escutado misteriosas conversas — o que demonstra que seus dons incluíam tanto a clarividência quanto a clariaudiência. Após uma experiência espiritual extraordinária, ele passou a dedicar sua vida à teologia e ao estudo das escrituras cristãs, as quais interpretava à luz das suas percepções interiores.

O médium mais notável dos últimos tempos foi sem dúvida Helena Petrovna Blavatsky, fundadora do movimento teosófico moderno. Desde o nascimento ela esteve envolvida com eventos extraordinários e fenômenos misteriosos. Embora não fosse um médium do tipo comum (pois na verdade combatia o tipo de mediunidade praticada em seus dias), era capaz de atuar como um canal consciente e um instrumento para a transmissão dos ensinamentos dos seus Mestres, a quem servia como amanuense na produção de muitas obras notáveis, inclusive *The Secret Doctrine** que se tornou o livro básico de todos os ensinamentos teosóficos e esotéricos que se seguiram. Seus extraordinários poderes foram testemunhados por um grande número de pessoas, que a viram materializar objetos, comunicar-se com o oculto, controlar os espíritos elementais, e descrever outras dimensões de existência estando completamente consciente.

Em suas volumosas obras, ela sempre enfatizou que não existe nada "sobrenatural" no universo, e que as habilidades paranormais são respostas a leis e forças ainda não descobertas pela ciência. Ela previu na década de 1880 que o materialismo dominante seria despedaçado antes do final do século, e que uma nova compreensão da natureza da matéria passaria a existir. Muitas das suas declarações, que eram completamente inaceitáveis para a ciência dos seus dias, fazem agora parte da visão contemporânea do mundo. Suas propostas proféticas incluem os conceitos de que cada célula do corpo contém o projeto da forma, e de que a vida é incipiente em toda a matéria, surgindo espontaneamente quando as condições são adequadas.

A maior contribuição de Blavatsky ao surgimento de uma nova visão do mundo foi uma metafísica abrangente capaz de superar a dicotomia entre a consciência e a energia que há tempos assola o mundo ocidental, mostrando que elas são apenas aspectos complementares de uma realidade fundamental. Essa hipótese fornece a estrutura à qual os aspectos mais sutis e problemáticos da natureza e do homem podem se integrar, tornando mais viáveis nossas esperanças de uma visão holística de mundo.

Essa metafísica, junto com a física moderna, supriram os fundamentos da descrição das dimensões superiores da consciência humana como campos universais, fato que devemos a F. L. Kunz, fundador do Center for Integrative Education e do seu periódico inovador, *Main Currents in Modern Thought*. Como resultado, embora essa área de pesquisa mal tenha sido trazida a público, é possível agora sistematizar e explicar fenômenos anteriormente difíceis de conciliar com os achados científicos ou da área da medicina. Quer as contribuições de Blavatsky venham a ser ou não amplamente reconhecidas, pode-se dizer que tudo o que se desenvolveu posteriormente no campo da paranormalidade originou-se da sua obra revolucionária.

Outra mulher extraordinária, que foi atraída para o movimento teosófico em decorrência do seu interesse nas obras de Blavatsky, foi a Dra. Annie Besant. Reformadora social, tendo defendido ardorosamente as causas humanas junto com Charles Bradlaugh da Fabian

---

* Obra publicada em português pela Editora Pensamento, em seis volumes, sob o título *A Doutrina Secreta*.

Society, ela tornou-se presidente da The Theosophical Society mudando-se para a Índia, onde estabeleceu várias instituições educacionais, fundou o conhecido periódico *New India*, vindo a ser presa pelos ingleses por causa do seu intenso apoio à independência da Índia. Ela desenvolveu a clarividência com quase cinqüenta anos de idade, tendo colaborado com C. W. Leadbeater na elaboração de vários livros baseados nas observações de ambos, os mais importantes sendo *Occult Chemistry, Thought Forms,* e *Man and His Bodies.** Mais tarde, quando passou a se dedicar à sua obra pública na Índia, ela desligou deliberadamente suas faculdades psíquicas, abandonando suas investigações clarividentes.

Charles W. Leadbeater já foi mencionado anteriormente como sendo um clarividente extremamente prendado que escreveu extensivamente sobre suas observações, especialmente aquelas ligadas às condições posteriores à morte. Suas descrições das dimensões mais sutis do homem — como em *Os Chakras* (de onde extraímos nossas ilustrações), que ainda é um dos livros mais lidos sobre o assunto, e em *Homem Visível e Invisível*, que descreve as características da aura humana — são clássicos no campo dos estudos paranormais. Seu livro *Formas de Pensamento*, que sustenta que a mente possui a habilidade de criar formas tangíveis capazes de serem percebidas pelos sensitivos, exerceu considerável influência em muitos artistas, como Mondrian e Kandinsky.

Entre os conhecidos clarividentes temos ainda Geoffrey Hodson, mais conhecido pelos seus livros a respeito do reino angélico, como *The Kingdom of the Gods.*** Ele também realizou muitas pesquisas na área da medicina, cujos resultados foram em parte incluídos no seu livro *An Occult View of Health and Disease*. Talvez devido ao fato de não ter nascido clarividente, e sim ter desenvolvido a faculdade já adulto, ele tenha dedicado considerável atenção ao processo, como pode ser verificado na sua obra *Science of Seership*.

A clarividência de Payne Bendit era basicamente do nível etérico, e ela escreveu, junto com o marido, o físico Laurance Bendit, vários trabalhos sobre a saúde e a doença baseados nas suas observações. Ela também publicou um livro denominado *Man's Latent Powers*, no qual descreve as diferenças que observou entre a clarividência consciente e o transe mediúnico.

Existem algumas outras pessoas cuja contribuição é basicamente filosófica e teórica, mas que empregaram profundamente a investigação oculta em seu trabalho. Entre os que mais se destacaram está Rudolf Steiner, fundador da Anthroposophical Society. Este movimento tem muitos conceitos em comum com a teosofia, apresentando porém inovações e ênfases especiais, como a aplicação da me-

---

* Os dois últimos publicados em português pela Editora Pensamento com o título de *Formas de Pensamento* e de *O Homem e Seus Corpos*.
** Publicado em português pela Editora Pensamento sob o título *O Reino dos Deuses*.

tafísica à matemática, à educação e às artes. Steiner, um homem extraordinariamente versátil, foi um cientista que empregou a clarividência para estudar a natureza, desenvolvendo como resultado teorias sobre a compatibilidade das plantas que deram origem à plantação conjunta como preventivo das doenças. Suas recomendações ainda são empregadas em projetos de agricultura patrocinados pela Anthroposophical Society, enquanto que seus princípios educacionais servem como base para as bem-sucedidas escolas Steiner e Waldorf, bem como para o excelente trabalho da Sociedade com os retardados.

Alice Bailey foi outra professora, também influente no campo do esoterismo, reconhecida por suas habilidades telepáticas. Ela é mais conhecida pela sua vasta obra literária que ela afirma haver recebido telepaticamente de um Adepto Tibetano conhecido como Djual Khul. Esses escritos têm origem no trabalho de H. P. Blavatsky, diferindo porém deste em muitos detalhes; eles precisam, segundo as palavras da própria autora, ser julgados por sua qualidade e não por sua fonte de inspiração.

Uma habilidade paranormal um tanto ou quanto diferente foi exibida por Nikola Tesla. Proeminente no desenvolvimento de instrumentos elétricos, ele registrou ter tido uma visão de como a eletricidade poderia ser gerada a partir de quedas d'água, o que se tornou realidade vinte anos mais tarde, em 1896, com um dínamo em Niagara Falls. Diz-se que ele era capaz de produzir terremotos à vontade, bem como relâmpagos de quarenta metros de comprimento; certa vez, ele acendeu duzentas lâmpadas elétricas, sem quaisquer condutores. A *The American Encyclopedia* o descreve assim: "Ele conseguia perceber intuitivamente segredos científicos ocultos, e empregava seu talento inventivo para provar suas hipóteses."

Entre os cientistas que exploraram o campo da paranormalidade de diversas formas, temos de destacar o trabalho do barão Karl von Reichenbach, químico, descobridor da parafina, do creosoto e do pitacol, uma autoridade em meteoritos e um industrial cujo império se estendia do Danúbio ao Reno. Em 1845 ele publicou sete ensaios polêmicos intitulados "Researches on Magnetism, Electricity, Heat and Light and Their Relation to Vital Power*", nos quais ele apresentou provas do que denominava "odic light" (luz ódica). Ele efetuou observações cuidadosas e detalhadas a respeito de pessoas capazes de perceber essa luz, que se assemelhava ao campo vital, mas seu trabalho foi rejeitado pela comunidade científica européia, sendo aceito porém por William Gregory, M.D., que o traduziu para o inglês.

Sir William Crookes (1832-1919), químico e físico inglês, descobriu o tálio, construiu o radiômetro, e desenvolveu através das

---

* Pesquisas sobre o Magnetismo, a Eletricidade, o Calor e a Luz e sua Relação com a Força Vital (N.T.).

suas pesquisas a teoria da "matéria radiante", ou "quarto estado" da matéria. Suas pesquisas sobre a natureza das terras raras, especialmente o ítrio, conduziram-no à teoria de que todos os elementos foram produzidos através da evolução a partir de uma substância primordial. Ele foi um dedicado estudante dos fenômenos psíquicos, como o demonstrou na sua obra *Researches in the Phenomena of Spiritualism*, e procurou estabelecer alguma correlação entre a paranormalidade e as leis físicas ordinárias.

É preciso mencionar ainda outras pessoas que contribuíram para uma abordagem científica do estudo dos fenômenos psíquicos: Walter J. Kilner, Alexis Carrel, M.D., professor T. Fukurai da Imperial University of Tokyo (que perdeu o cargo em virtude do seu interesse por esse campo), Joseph Banks Rhine, cuja pesquisa sobre a telepatia e a clarividência era fundamentada na avaliação estatística, Oscar Bagnall, um biólogo da Cambridge University que estudou a aura humana, e *Sir* George Hubert Wilkins, um explorador que realizou trabalhos experimentais em telepatia. Edgar Cayce deve ser especialmente citado, pois seu importante trabalho na área da medicina ainda é assunto de pesquisa e investigação.

Alguns pesquisadores fizeram sérios esforços para confirmar os fenômenos psíquicos através de vários tipos de testes. Evelyn M. Penrose foi uma sensitiva que trabalhou para os governos do Canadá e da Austrália buscando fontes de água, bem como minerais e sítios arqueológicos. Andrija Puharich, M.D., e o Dr. Charles Osis da Society for Psychical Research documentaram amplamente as habilidades paranormais de várias pessoas sensíveis aos fenômenos psíquicos. O governo dos Estados Unidos bem como os soviéticos investigaram em silêncio as possibilidades de pesquisa dos poderes ainda inexplorados da mente para desviar raios laser, modificar campos magnéticos, enxergar a distância e deslocar objetos. Sheila Ostrander e Lynn Schroeder documentaram os esforços russos nesse campo em seu livro *Psychic Discoveries Behind the Iron Curtain* (1970),* enquanto que Russell Targ e Harold Puthoff descreveram as pesquisas americanas em *Mind Reach* (1977), e mais recentemente, Targ colaborou com Keith Harary em *The Mind Race* (1984).

Nos últimos anos, várias pessoas dotadas de diversas formas de percepção sensorial superior colaboraram com pesquisadores em vários campos. Stephan A. Schwartz descreve em seu livro, *The Alexandria Project*, como médiuns com a habilidade de "visão remota", ou visão a distância, contribuíram para o sucesso do seu projeto arqueológico, pois suas impressões foram depois confirmadas durante o trabalho no local. Outras pessoas usaram a mesma habilidade para encontrar tesouros submersos em navios naufragados. Num outro campo, John Taylor, físico e matemático do Kings College, em Lon-

---

* Publicado em português pela Editora Cultrix sob o título *Experiências Psíquicas além da Cortina de Ferro*.

dres, descreveu em *Superminds* (1975) como os metais partidos de forma psíquica diferem quanto à estrutura daqueles rompidos de modo físico.

Na área da saúde e da cura, o Dr. Bernard Grad da McGill University em Montreal, no Canadá, estudou os efeitos benéficos das energias curativas tanto nas plantas quanto nos camundongos no laboratório. Ele descreveu os efeitos alcançados por um famoso curador, o Coronel Oskar Estabany, ao acelerar a cura de feridas em camundongos, bem como ao fazer germinar as sementes danificadas de algumas plantas. Todos esses testes foram realizados sob condições controladas. O Dr. Grad também descobriu que as flores murchavam com maior rapidez quando em contato com pacientes mentalmente deprimidos do que na presença de pessoas normais.

Continuando essa pesquisa, a Irmã Justa Smith desenvolveu um projeto cujo objetivo era comparar a atividade da enzima tripsina quando tratada pela imposição de mãos do Coronel Estabany com exposição aos efeitos de um campo magnético. Foi solicitado ao coronel que colocasse as mãos em volta de um frasco de vidro arrolhado contendo a solução de enzima por um período máximo de setenta e cinco minutos. Os resultados foram publicados pela Irmã Justa num ensaio intitulado "Paranormal Effects on Enzyme Activity",* que chegou à conclusão de que "as provas apresentadas indicam que a exposição de uma solução de tripsina ao poder curativo da imposição das mãos de acordo com a atuação do Coronel Estabany é qualitativa e quantitativamente semelhante à de um campo magnético". Por conseguinte, a pesquisa indica que podem ocorrer mudanças biológicas quando em contato com as mãos de alguns curadores, embora nem todos estes sejam capazes de repetir o feito do Coronel Estabany (Capítulo XVI).

Concluindo esta breve exposição, devemos mencionar a importância das novas atitudes que estão gradualmente se evidenciando na comunidade científica, e que são muito mais receptivas à pesquisa supersensorial. O desenvolvimento mais revolucionário é o reconhecimento de que a consciência desempenha um papel crítico e penetrante na existência física. Como muitos cientistas ainda não estão prontos para levar esse papel em consideração, desejamos apresentar algumas declarações que lhe dão apoio.

O Prof. George Wald, Prêmio Nobel de física, declarou numa palestra em 1985: "Jamais será possível identificarmos de forma física a presença ou a ausência de consciência... É uma propriedade intemporal e difusa, um aspecto complementar de toda a realidade." Referindo-se à famosa questão levantada por Descartes a respeito do dualismo fundamental da mente e da matéria, Eric Jantsch escreve no *The Self-Organizing Universe*: "A Mente é imanente... nos processos nos quais o sistema (vivo) se organiza, se renova e evolui"

---

* Efeitos Paranormais sobre a Atividade das Enzimas (N.T.).

(p. 162). E, seguindo a mesma linha de raciocínio, o físico quântico Erwin Schroedinger escreveu em *What is Life?*: "A consciência está associada ao *aprendizado* da substância viva" (p. 103). No seu livro *Einstein's Space and Van Gogh's Sky*, Larry LeShan e Henry Margenau citam A.S. Eddington, físico que escreveu em 1926 que "a divisão do mundo exterior num mundo material e num espiritual é superficial" (p. 236). Analisando as características do domínio da consciência, eles concluem que "os elementos observáveis irão diferir quanto à nitidez e à classificação daqueles da esfera sensorial. Não existem 'coisas' nessa esfera, apenas 'processos'." Além disso, "os elementos observáveis têm 'acesso limitado' — ou seja, só podem ser observados por uma única pessoa — ao contrário do 'acesso público' dos elementos observáveis em muitas outras esferas." Essas declarações estão sem dúvida relacionadas com os elementos do nosso estudo.

Incluímos, por fim, a seguinte citação do livro *Wholeness and the Implicate Order* de David Bohm, que sugere a melhor base racional contemporânea para nossa pesquisa:

> O conteúdo explícito da consciência de fácil acesso está incluído numa base implícita muito maior. Esta, por sua vez, tem de estar contida numa base ainda maior que poderá não apenas incluir processos neurofisiológicos em níveis dos quais em geral não temos consciência, como também uma base maior ainda de profundidades desconhecidas (e na verdade essencialmente incognoscíveis) de interioridade que poderão ser análogas ao "mar" de energia que ocupa o espaço "vazio" sensivelmente percebido. (p. 210)

Nossas investigações apóiam sem dúvida esse ponto de vista. O fato de que os processos neurofisiológicos são acompanhados (ou amiúde precedidos) por alterações no conteúdo da consciência é uma importante conclusão que se origina do estudo; talvez o que seja mais impressionante é o "mar de energia" que não apenas permeia o espaço "vazio" como também é focalizado e processado pelos órgãos de consciência denominados chakras.

A idéia de que a consciência e a matéria são acompanhamentos inseparáveis da existência é um conceito esotérico ou teosófico que ajuda a suprir ao mesmo tempo um contexto e um princípio explanatório para os fenômenos paranormais. A pesquisa aqui apresentada possui um duplo papel: testa a validade da percepção extra-sensorial, mas o que é mais importante é que revela algumas das dimensões de consciência e a interação entre essas dimensões e as da realidade física.

IX

O Emprego da Clarividência na Pesquisa

Sugerimos no Capítulo II que a percepção sensorial superior é capaz de oferecer uma imagem mais completa do funcionamento do ser humano do que as até agora disponíveis, e também que essas percepções só podem se incorporar ao conjunto de conhecimento reconhecido se satisfizerem o teste de evidência empírica. Houve no nosso trabalho um esforço constante no sentido de comparar a pesquisa com registros médicos disponíveis, mas é óbvio que o controle esteve longe de ser perfeito. Contudo, uma vez que esses métodos exploratórios são necessários para o início de um novo campo, desejamos compartilhar com o leitor alguns detalhes referentes à forma como trabalhamos juntas e os problemas que encontramos.

Durante os dois primeiros anos da nossa pesquisa, observamos pessoas presumivelmente saudáveis com o objetivo de obter uma idéia geral daquilo que DVK percebe. Com a intensificação das observações, muitos fatores que ocorrem em presença da doença tornaram-se visíveis. Esse fato ajudou a aumentar nosso conhecimento das características dos chakras e dos campos que eles sintetizam.

Anteriormente à nossa parceria, DVK tinha visto pacientes principalmente a pedido dos seus médicos quando estes lhe pediam sua opinião. A ênfase repousava basicamente em observações dos veículos astrais dos pacientes, visando descobrir as causas dos problemas emocionais que eram um agente das suas doenças. No nosso trabalho conjunto, contudo, pedimos a ela que concentrasse sua visão clarividente basicamente no nível etérico, para que a estrutura e a função das glândulas endócrinas e os chakras que as controlam pudessem ser observados. A exatidão da sua visão etérica seria determinada pela correlação das suas observações com o histórico da doença dos pacientes.

DVK não fazia realmente um diagnóstico, uma vez que não possuía qualquer conhecimento de medicina, e nem tampouco estava familiarizada com os termos adequados para descrever o que via. Mas suas observações das anormalidades etéricas nos chakras e nas glândulas endócrinas correspondentes não deixavam qualquer dúvida quanto a sua exatidão. Durante um certo período, foram-lhe apresentados muitos casos médicos raros, como aqueles em que a glândula pituitária fora retirada por meio de uma cirurgia com finalidade terapêutica em pacientes portadores de câncer na mama ou na tireóide (prática corrente na ocasião). A maioria dos casos clinicamente documentados eram obtidos do ambulatório de endocrinologia de uma renomada escola de medicina da cidade de Nova York; outros dados foram obtidos na Califórnia.

Pedimos a DVK que observasse os chakras e as glândulas endócrinas que lhes são relacionadas, independentemente do fato de parecerem normais ou anormais. Foi criado um mapa para registrar suas impressões, e esse método foi seguido sistematicamente.

DVK jamais falou com qualquer paciente. Sua posição na parte de trás do ambulatório, a cerca de seis metros das pessoas que estavam sendo observadas, amiúde impedia que ela visse seus rostos. Em qualquer das sessões matinais, dois ou três pacientes eram escolhidos ao acaso para serem avaliados. Pedimos a ela que observasse dois ou três dos centros etéricos com as correspondentes glândulas endócrinas, bem como os campos etéricos gerais do paciente. Ela levava normalmente de duas a três horas para analisar um único paciente quando todos os chakras eram estudados.

O método adotado era o seguinte: DVK preenchia o mapa[1] com suas observações a respeito dos pacientes, enquanto que a tarefa de SK era obter os mapas clínicos dos pacientes que estavam sendo analisados, deles extraindo os dados relevantes. Algumas horas mais tarde comparávamos as observações e correlacionávamos as informações.

Não foi fácil para DVK trabalhar no ambulatório em virtude da sua sensibilidade com relação às pessoas cheias de ansiedade e sofrimento, mas não tínhamos escolha caso realmente desejássemos obter a documentação de que precisávamos. Contudo, o trabalho que realizávamos particularmente, fora da atmosfera do hospital, era bem mais fácil. É importante mencionar que durante esta pesquisa, em momento algum cobramos honorários, quer na clínica, quer nas consultas particulares. A pesquisa foi patrocinada por doações de fundações ou amigos, pois quando é realizado um trabalho em áreas novas e não ortodoxas, é essencial que permaneçamos livres do controle externo bem como absolutamente puros na recusa de ganhos financeiros.

A Mecânica da Percepção Clarividente

Um bom número de pessoas consegue ver o contorno geral do corpo etérico, que se estende cerca de cinco centímetros além do físico, mas muito poucas têm a capacidade de perceber os detalhes do campo de energia etérica e seus centros.

---

1. Esse mapa aparece nos históricos das doenças incluídos no apêndice.

Alguns sensitivos empregam diversas técnicas para focalizar sua consciência. Frances Farrelly, por exemplo, que possui uma vasta gama de habilidades psíquicas, usa um mecanismo que ela chama de "stick" [grude]. (Veja no Capítulo XVI um relato mais extenso das realizações desta sensitiva.) Ao esfregar os dedos da mão num pedaço de madeira ou de plástico, enquanto se concentra numa pergunta para a qual está buscando uma resposta, ela tem uma sensação de adesividade quando a resposta é afirmativa, e nada sente quando é negativa. Ela usava o mesmo método com a varinha rabdomântica no mapa para localizar água ou minerais. Como a resposta é simplesmente sim ou não, ela precisa ser muito precisa nas suas perguntas mentais.

Essa sensação de "adesividade" foi promovida a "linguagem científica" conhecida como Digital Excitation Response* (DER) no Stanford Research Institute, um dos centros de pesquisa do governo americano. Foi demonstrado que nenhum dos chamados instrumentos radiônicos que empregam o "stick" como parte de seu mecanismo funciona a não ser que o operador possua o grau necessário de percepção extra-sensorial, e é por esse motivo que foi considerado ilegal usar esses instrumentos para efeito de diagnóstico nos Estados Unidos. Nosso principal interesse era descobrir o mecanismo que produz a adesividade. Quando lhe foi solicitado que observasse o fenômeno, DVK verificou que havia um aumento de energia etérica na ponta dos dedos, mas que ela se originava do nível mental, uma vez que sem a concentração do pensamento não ocorre a sensação de adesividade. Parece que esse tipo de percepção extra-sensorial era ativado pelo esfregar dos dedos no objeto.

Contudo, os clarividentes, como DVK, capazes de perceber os chakras dentro do corpo etérico, estão empregando um mecanismo bastante diferente. Nessas pessoas, o chakra frontal etérico, junto com o centro coronário, forma o órgão de percepção para as energias etéricas, astrais e mentais. Mesmo entre os indivíduos que possuem uma visão etérica bem desenvolvida existem diferenças no grau de clareza, precisão e detalhe daquilo que vêem. É difícil encontrar alguém com a habilidade de DVK que esteja ao mesmo tempo disposto a cooperar numa pesquisa que consuma bastante tempo além de exigir muita concentração e um registro meticuloso. O clarividente tem que dirigir repetidamente a atenção para o foco de interesse para poder registrar o que está sendo observado. Este é um processo muito intenso, e o período máximo que se consegue trabalhar de modo eficaz e sem fadiga são três horas.

O mecanismo da percepção clarividente é tão desconcertante para os videntes quanto para os pesquisadores. O uso da faculdade é automático para os que a possuem, mas todos, sem exceção, acham muito difícil analisá-la, do mesmo modo como uma pessoa com vi-

---

* Reação de Excitação Digital (N.T.).

são normal consideraria impossível descrever os mecanismos da visão. Contudo, a observação continuada dos clarividentes durante o período em que usam sua faculdade produziu alguns fatos bastante interessantes.

Quando SK observou DVK no processo de "ligar" sua clarividência conseguiu detectar uma repentina mudança na expressão dos seus olhos. A expressão facial indicava um recolhimento interno da consciência. Um estudo mais profundo do fenômeno conduziu a uma interessante descoberta neurológica. As pupilas dos olhos dos clarividentes *dilatam-se* levemente e ficam *fixas* durante todo o período em que usam a faculdade. Quando se lança um jato de luz sobre seus olhos, as pupilas não se contraem da forma usual.[2] Entretanto, quando os clarividentes voltam à visão física normal, suas pupilas passam imediatamente a reagir ao reflexo da luz, e suas pupilas se contraem normalmente. Os videntes não têm qualquer controle sobre esse fenômeno neurológico de reflexo, não tendo nem mesmo consciência dele. Na verdade, ficaram surpresos quando esse fato lhes foi mencionado.

Ao mesmo tempo, quando os videntes se concentram nas suas faculdades clarividentes, retêm totalmente a consciência desperta. Quando testados, foram capazes invariavelmente de descrever com precisão o local de sua pele que foi levemente roçado por um pedaço de algodão enquanto estavam no estado de clarividência.

Como já foi explicado, foram inicialmente analisadas pessoas normais para que fosse possível estabelecer uma base de comparação para as observações dos campos de energia e seus centros efetuadas por DVK. Mais tarde, casos médicos documentados foram avaliados. À medida que a variedade de doenças aumentava, mais tipos de campos de energia etérica eram descritos, e o método de pesquisa tornou-se mais funcional e eficiente.

Com o objetivo de mostrar alguns dos problemas encontrados e as dificuldades que o clarividente tem em analisar sua própria percepção, apresentamos a seguir uma conversa entre DVK e SK.

SK: Como você vê os órgãos internos do corpo?

DVK: Creio que vejo dois padrões, um dos quais é o padrão de energia. Posso afirmar de pronto quando existe algum desequilíbrio nesse padrão, e isso me diz onde está o distúrbio. Examino então o distúrbio de diversas formas. Posso observar com detalhe, por exemplo, o chakra associado a essa região. Em outras ocasiões, porém, posso estudar apenas a área perturbada. Quando vejo uma perturbação no padrão de energia, eu posso, por assim dizer, deslocar minha atenção e ver a réplica dos órgãos físicos no corpo etérico. Quão exata é essa réplica, ou quão precisa é minha interpretação, eu não sei, mas creio poder distinguir as coisas com as quais estou familiarizada, como o sangue e os músculos.

---

2. SK tirou muitas fotografias dos olhos de DVK nas ocasiões em que esta estava usando a clarividência, mas lamentavelmente todas se perderam depois da morte repentina de SK.

SK: A cor do sangue é diferente da do nível etérico, que você costuma dizer que é azul-acinzentado?

DVK: Essa é a cor do nível de energia etérica. Mas quando olho para um órgão como o estômago de um modo que chamo de "focalização detalhada", vejo o sangue vermelho.

SK: Tomemos então um vaso sangüíneo. Como você o veria no nível etérico? E ele seria diferente em função do padrão de energia?

DVK: O padrão de energia se assemelha a linhas de eletricidade no interior do corpo etérico azul-acinzentado, possuindo também um ritmo. Mas um vaso sangüíneo parece um tubo de vidro ou de plástico transparente, através do qual flui um líquido avermelhado.

SK: Quando você olha para uma veia do dorso da minha mão, o que você vê?

DVK: Ela parece um canal que corre logo abaixo da pele, de um tom amarelo-pálido transparente.

SK: Quando você observa as veias de uma pessoa idosa cujos vasos sangüíneos talvez tenham sofrido alterações, eles lhe parecem diferentes?

DVK: O canal não seria tão estreito e firme; poderia ser mais largo. Seu tono seria mais "pesado", e poderia haver pequenas partículas e obstruções no fluxo. Um material que lembra um pouco a madeira, eu acho que é colesterol.

SK: Esse material gira?

DVK: Não. Existe o rodopio no nível energético, mas o nível do qual estou falando é uma réplica do mundo físico. É muito mais difícil nos concentrarmos nos detalhes elétricos do que observarmos os aspectos energéticos, porque no último caso podemos fazer julgamentos instantâneos bastante precisos baseados numa imagem global.

SK: Qual o nível do etérico que o sangue representa, em comparação com o nível geral de energia?

DVK: Provavelmente o nível inferior do etérico. A energia está num nível superior.

SK: Você pode descrever como vê uma úlcera estomacal?

DVK: Existe sangue na borda do estômago. A úlcera cria um material que afeta tanto o estômago em si quanto o sangue que flui através dele. Algumas vezes consigo ver bastante sangue derramando-se sobre o grande saco estomacal, cujas paredes parecem estar em carne viva.

SK: Como você percebe as causas da úlcera?

DVK: As úlceras são provenientes de tensão emocional, mas também dependem muito do temperamento da pessoa. Uma pessoa pode ser extremamente tensa e contudo não ter qualquer problema de estômago; ela jamais desenvolverá uma úlcera. Minha teoria particular é que algumas pessoas nascem com determinadas tendências etéricas, como, por exemplo, uma fraqueza no plexo solar. Esse indivíduo irá sentir as coisas com muita intensidade, mas ele poderá tentar sufocar essas emoções e permanecer calmo. Como resultado, ele acumula pressão no sistema digestivo e torna-se cada vez mais tenso; isso faz com que ele "emagreça", por assim dizer, sob o aspecto etérico, não assimilando portanto energia suficiente. Já pude ver o começo de uma úlcera quando ela ainda estava no estágio embrionário, e observei-a enquanto ficava cada vez maior num determinado espaço de tempo.

SK: Sua descrição transmite a idéia de que há inicialmente uma perda de vitalidade na região — uma descoloração, por assim dizer, como se ela estivesse debilitada.

DVK: Exatamente; a tensão começa primeiro.

SK: Qual a aparência de uma úlcera que está cicatrizando?

DVK: A cor do sangue volta ao normal, e a energia se restabelece.

SK: Você consegue ver de fato o local da úlcera?

DVK: Já consegui ver uma úlcera antes que atingisse o estágio hemorrágico. Os vasos sangüíneos parecem soltos, alargando-se na região da úlcera incipiente.

Depois desse diálogo, pedimos a DVK que observasse etericamente alguns objetos inanimados, com o objetivo de descobrir se aquilo que chamamos de não-vivente possui algum grau de vitalidade. Ela já havia observado alguns cristais e percebera que eles possuem um pequeno grau de energia etérica. Entregamos a ela um pedaço de mirra, e lhe pedimos que a comparasse com os cristais. Sem saber bem o que estava segurando, ela declarou o seguinte:

"Isto não é um cristal porque não é atravessado por linhas e ângulos de energia. Parece estar crescendo, mas o processo se assemelha mais ao da reprodução celular do que ao do crescimento cristalino. O crescimento ocorre mais na superfície do que no núcleo; ele parece se desenvolver de outra coisa, e extrair energia dessa fonte. Como um todo, ele está mais vivo do que um cristal, mas não é tão bem delineado. Quando o seguro na minha mão, tenho com ele uma interação etérica maior do que no caso do cristal, e essa interação é mais acentuada na palma da mão do que nos dedos. Esta substância parece mais porosa do que o cristal, e no contato com o calor da minha mão, ela parece absorver mais energia do que a que transmite."

Prosseguindo a observação dos cristais, pedimos a DVK que analisasse um cristal branco cilíndrico que nos fora enviado pelo Dr. Puthoff da Stanford University. Esse cristal tinha sido bombardeado por algum tipo de energia, e o Dr. Harold Puthoff desejava saber se o padrão do cristal havia se alterado. DVK declarou que o campo de energia etérica tinha sido afetado, e em decorrência disso o padrão normal de energia tinha sido rompido, de modo que o fluxo de energia partiu-se e tomou uma direção diferente. Ele fluiu como se algo tivesse sido feito sob pressão. Constatamos mais tarde que essa afirmação estava correta.

Segundo DVK, existe uma interação bem maior entre os cristais, as pedras preciosas e a energia humana do que a maior parte das pessoas imagina. A estrutura cristalina é de algum modo capaz de recolher, focalizar e reter a energia etérica por longos períodos de tempo, de um modo acessível e que pode ser usado pelas pessoas como um foco na transmissão da energia curativa.

Essas observações indicam não apenas que existe um campo etérico associado à matéria viva, como também que todas as substâncias naturais possuem um grau de vitalidade ou "vida". Nossa pesquisa não nos levou muito longe nessa direção, mas ela indica a verdade da declaração de V. A. Firsoff, "Chegamos aqui muito próximo da linha divisória entre a vida e a não-vida, se é que existe essa fronteira. Talvez ela não seja mais do que uma questão de definição."[3]

---

3. V. A. Firsoff. *At the Crossroads of Knowledge.* Ian Henry Publications, Ltd., 1977.

4
OBSERVAÇÕES SOBRE O PROCESSO DA DOENÇA

X

As Variações do Campo Etérico

Um dos principais objetivos da nossa pesquisa era obter uma descrição clara e precisa do corpo etérico em condições normais de saúde, e observar as alterações que ocorrem quando a doença estabelece ou está iminente. Era igualmente importante observar, sempre que possível, como se processa a cura — se espontaneamente ou com a ajuda de medicamentos, curadores ou outras medidas terapêuticas — e as mudanças desse modo efetuadas nas funções vitais.

Após um ano de trabalhos preliminares, desenvolvemos um esboço que relacionava todas as características do corpo etérico que têm importância para o diagnóstico.

A primeira é a *cor*: normalmente é violeta-pálido ou cinza-azulado.

A segunda é o grau de *luminosidade*: pode variar de fortemente luminosa a fosca, mas deve ser uniforme.

A terceira é o *movimento*: o movimento deve ser rítmico em todo o campo, podendo ser porém rápido, médio ou lento.

A quarta é a *forma*: o tamanho, o formato e a simetria são bastante importantes.

A quinta é o *ângulo*: o etérico deve formar ângulos retos com o corpo físico; se ele estiver parcial ou totalmente curvo, existe um processo de doença.

A sexta é a *elasticidade*: a habilidade do etérico de se esticar e expandir é um indício de saúde.

A sétima é a *textura*: deve ser firme e relativamente fina; se ela for grosseira, porosa, esponjosa, rarefeita ou fragmentada, é preciso observar se essa condição é generalizada ou está limitada a uma seção do campo etérico, pois esta última indica algum tipo de doença ou anormalidade.

Todas essas características fornecem chaves para o estado geral da saúde e indicam o local onde devemos esperar que surjam problemas físicos, e se eles irão se manifestar mais cedo ou mais tarde durante a vida.

Finalmente, procuramos a *função* geral do campo etérico como um todo, ou seja, a qualidade das interações entre o sistema de chakras como um todo, bem como do fluxo de energia através do corpo etérico.

Para fins de comparação, estabelecemos uma norma com relação à qual testamos cada paciente:

O corpo etérico saudável médio deverá apresentar as seguintes características:

Cor – cinza-violeta pálido
Luminosidade – moderada
Textura – firme e relativamente fina
Elasticidade – moderada
Forma – simétrica
Ritmo – rítmico e de velocidade moderada

Indicadores Especiais

Determinadas características do campo etérico tornaram-se, na vivência de DVK, indícios de um desequilíbrio ou de um processo de doença. Quando o contorno do corpo etérico é relativamente estável não apresentando mossas ou rupturas, o estado da pessoa é saudável. Quando o indivíduo está doente, o perfil do seu corpo etérico torna-se irregular e o fluxo normal de energia através dos chakras é reduzido. Isso afeta o fluxo de energia dos diferentes órgãos físicos envolvidos no processo da doença.

Quando o padrão de energia está estreitamente entrelaçado, ele é muito resistente à invasão do mundo exterior, mas quando está frouxo e poroso pode ser penetrado com muito mais facilidade, e a pessoa torna-se portanto propensa a assimilar tudo o que esteja no ambiente à sua volta. Na opinião de DVK, as vacinas ou infecções com relação às quais nos tornamos imunes, produzem variações no ciclo do padrão do fluxo de energia, mesmo que insignificantes.

A corrente sangüínea e o sistema linfático também são importantes. Examinado sob o aspecto da clarividência, o sistema linfático parece esponjoso e frouxamente entrelaçado. Etericamente, a linfa parece ter uma carga negativa, e o sangue, positiva. Esta conclusão se baseou nas observações de que o sangue possui mais "faíscas" de energia etérica do que a linfa, que pareceu mais pálida, de coloração levemente acinzentada, e menos vigorosa. A linfa deu a impressão de ser receptiva na sua interação com a corrente sangüínea, uma vez que produtos indesejáveis do sangue eram transferidos para os glânglios linfáticos, que foram percebidos como pontos de conexão para determinadas energias rejeitadas pelo sangue.

O sistema linfático parece equilibrar a energia do corpo etérico controlando a quantidade de sangue que flui para qualquer região.

Variações no Campo Etérico Decorrentes de Habilidades Paranormais

Nos indivíduos que possuem algum tipo de percepção sensorial superior, especialmente a telepatia, o campo etérico parece possuir uma textura mais fina do que o da pessoa média, além de ser levemente maior e mais ritmado.

No caso dos curadores, a aparência do campo etérico varia. A maioria daqueles que usam as mãos durante a cura estão até certo ponto empregando parte do seu próprio campo etérico para ajudar o paciente, embora energias do campo universal também entrem em ação. Como resultado, seus campos etéricos parecem possuir uma elasticidade maior do que a média, capacitando-os a transmitir energia ao paciente. Kathryn Kuhlman foi uma exceção (ver Capítulo XVI), pois ela transmitia um tipo de energia que não estava diretamente relacionado com seu campo etérico. Ela atuava de certo modo como um pára-raios, no sentido de que ela era o instrumento por meio do qual as energias etéricas e/ou astrais no campo geral eram ativadas e transmitidas. No caso dos curadores excepcionais, como a Srta. Kuhlman, outros fatores entram em ação, os quais serão analisados com mais detalhes no Capítulo XVI.

Num médium incorporador, o campo etérico se afasta da norma de muitas maneiras. Se o médium entra em transe freqüentemente durante um longo período de tempo, ocorrem determinadas alterações. A textura do etérico se torna cada vez mais esponjosa e porosa, e sua ligação com o corpo físico enfraquece. Poderão surgir problemas relacionados com os rins, com as glândulas supra-renais e com o metabolismo da água em decorrência dessas alterações etéricas, e as anormalidades se manifestam através de flutuações no peso do corpo. Em muitos dos casos de mediunidade de incorporação, o tipo do corpo físico é pesado e retém os fluidos. Estados repetitivos de transe também causam um desprendimento dos campos astral e mental do etérico/físico. Respirando com excessiva rapidez, o médium poderá algumas vezes sair do corpo, não na maneira normal através do chakra coronário, e sim pelo plexo solar. Isso separa o etérico dos campos astral e mental, impedindo que o médium se lembre do que ocorreu durante o transe, além de também ser responsável pela fadiga e estafa que se seguem.

Observações de uma Médium Durante o Transe

Em 1958 observamos B. Mc., que fora por muitos anos uma médium incorporadora profissional. Seu campo etérico possuía as seguintes características: sua cor era imprecisa, mais cinza do que a média, e sombria. Sua luminosidade e ritmo eram usuais, mas a velocidade do movimento era lenta, aumentando durante o estado de transe. Seu campo etérico era levemente maior do que o comum, estendendo-se além do corpo físico. Ao invés de as linhas de energia serem eretas, eram curvas, e parecia haver uma depressão do lado esquerdo da cabeça. A elasticidade era excelente, mas a textura era porosa e esponjosa, além de estar partida e segmentada na região do plexo solar. Essa frouxidão e porosidade eram as características etéricas mais marcantes.

DVK observou B. Mc. tanto antes quanto durante o estado de transe. Logo antes de entrar em transe e ficar inconsciente, seu centro umbilical começou a vibrar, e nesse ponto ela extraiu energia dos chakras correspondentes das pessoas presentes para quem ela estava fazendo a "leitura", dessa forma estabelecendo o contato.

Quando ela se abriu para a consciência astral, todo seu campo etérico tornou-se flácido e curvo. Sua respiração acelerou-se, o que afetou o cérebro, e ela se permitiu perder o controle consciente do corpo. À medida que o núcleo do seu chakra coronário se abriu e ficou mais elástico, ela começou a se abrir à consciência astral. Esse processo durou alguns minutos, durante os quais estabeleceu-se um grau de harmonia e coordenação entre ela e a pulsação dessa nova energia astral.

Pouco depois disso, B. Mc. entrou num estado de transe total e saiu do corpo. Sua consciência ficou completamente inerte quando a harmonia completa foi estabelecida com a consciência astral. Seu ritmo lhe foi imposto, permitindo-lhe assim usar parte do cérebro de B. Mc., o qual se alterou no momento em que ela entrou em estado de transe. O padrão do cérebro etérico acelerou-se, mas ao mesmo tempo embotou-se. Ela tornou-se assim um foco para outras influências, passando a falar em voz alta transmitindo mensagens numa voz alterada. Durante o transe, tanto o chakra coronário quanto o do umbigo se aceleraram. O núcleo do chakra laríngeo, à semelhança do umbilical, abriu-se e alargou-se. O núcleo do plexo solar, contudo, foi o mais afetado: à medida que ficava mais largo, tornava-se mais elástico e disrítmico, e essa condição aumentou no decorrer do estado de transe. A cor avermelhada do chakra também se acentuou.

O centro umbilical de B. Mc. era o mais desenvolvido de todos os seus chakras, o que a tornava sensível aos sentimentos das outras pessoas, mas que ao mesmo tempo tinha um efeito pernicioso sobre suas glândulas supra-renais.

Incluímos este caso por ser um exemplo relativamente característico da mediunidade de incorporação. Nesse caso, os sentidos físicos se tornam embotados; a pessoa de um modo geral não tem consciência do que está acontecendo, além de não se lembrar do que foi dito. A consciência está completamente concentrada em outro nível.

Existem muitas pessoas hoje em dia que estão abertas a impressões do nível emocional ou astral. Contudo, esse tipo de sensitividade não está incluído na mesma classe da mediunidade de incorporação, fenômeno relativamente raro que se desenvolve em geral bem cedo na vida.

XI

Os Chakras e as Glândulas Endócrinas

No decorrer da nossa pesquisa sobre o papel dos chakras na saúde e na doença, foram observados mais de 200 casos sob o ponto de vista da clarividência, e num grande número deles descobriu-se que a doença estava relacionada com as glândulas endócrinas (ver encarte na parte interna da última capa). Num pequeno grupo de pessoas, foram estudados tanto os chakras etéricos quanto os astrais, e em bem poucos indivíduos foram acrescentados os chakras mentais.

Tivemos sorte de poder permanecer em contato com algumas dessas pessoas durante algum tempo — em alguns dos casos, por muitos anos. Naquelas que receberam um extenso acompanhamento (de mais de vinte e cinco anos), foi possível confirmar o diagnóstico inicial de DVK com relação a anormalidades através do posterior desencadear da referida doença. No nosso limitado estado atual de conhecimento de todo o campo da investigação clarividente, não sabemos se seria possível modificar uma condição anormal observada nos centros etéricos antes que a enfermidade se manifestasse, removendo assim as causas.

As análises dos chakras etéricos mostraram que sempre que havia severas anormalidades na cor, ritmo, direção de movimento, luminosidade, forma, elasticidade e textura, o estado era grave, resultando provavelmente numa doença, seja nas glândulas endócrinas relacionadas com o centro, seja na região do corpo à qual o centro fornece energia.

A harmonia dos chakras nos campos etérico, astral e mental é um fator extremamente importante, pois a dissonância pode dar origem a uma doença na parte do corpo atendida pelo centro. Estudos de um chakra realizados nos três centros definiram algumas informações com relação à harmonia do sistema de chakras. Por exemplo, se assumirmos que a velocidade do centro etérico é um, a velocidade de rotação do centro astral deverá ser o dobro e a do centro mental quatro vezes maior, ou seja, na razão de 1:2:4. Na verdade, é claro, as velocidades são muito mais elevadas, mas essa razão indica que os chakras estão funcionando harmoniosamente em conjunto. Se, por outro lado, a velocidade de um centro astral for

O Sistema de Chakras

Nome	Cor	Localização	Glândula
Coronário	Núcleo dourado Pétalas violetas/douradas	Acima da cabeça	Pineal
Frontal	Cor-de-rosa/amarelo Azul/roxo	Entre os olhos	Pituitária
Laríngeo	Azul-prateado	Base do pescoço	Tireóide/Paratireóide
Cardíaco	Amarelo-dourado	A meio caminho entre as omoplatas	Timo
Umbilical	Multicolorido: vermelho e verde	Umbigo	Supra-renais/pâncreas
Raiz	Vermelho-laranja	Base da coluna vertebral	Coluna vertebral/sistema glandular

Chakras Secundários

Nome	Cor	Localização	Glândula
Esplênico	Multicolorido: com predominância do amarelo e do cor-de-rosa	À esquerda do abdômen abaixo da 10ª costela	Baço/Fígado
do Sacro	Vermelho-escarlate	Órgãos genitais/região raquidiana	Ovários/testículos

Chakras Subsidiários

Palma das Mãos — Sola dos Pés

Nota: As ilustrações dos chakras principais encontram-se no encarte na parte interna da última capa deste livro. O quadro que contém os chakras individuais pode ser desdobrado de forma a ficar visível enquanto se está lendo o livro.

mais elevada do que a do mental, como por exemplo 1:5:3, está indicada a possibilidade de dissonância e de enfermidades associadas ao centro astral. De qualquer modo, esse fato demonstra que são as emoções do paciente, e não sua mente, que controlam suas reações físicas.

Vale a pena observar que alguns médicos da atualidade defendem a visualização para ajudar os pacientes a superarem os efeitos de determinadas doenças, como o câncer, que podem se originar no nível emocional — embora a etiologia do câncer seja complexa, e muitos fatores causativos entrem em ação. A visualização pode ser benéfica por aumentar o fluxo de energia mental e equilibrar e acalmar as emoções.

Nossas observações demonstraram que quando ocorriam mudanças nos centros sob a forma de disritmia, especialmente se havia uma inversão do movimento do sentido horário para o anti-horário, o potencial para a doença era bastante acentuado. Quando, além disso, ocorriam também outras mudanças, seja na cor, no grau de luminosidade, na forma ou na textura, a disfunção era extrema. Se ainda o núcleo do centro exibia um movimento dual, ou seja, girando tanto na direção horária quanto na anti-horária, existia uma elevada possibilidade de que o paciente desenvolvesse um tumor dentro de alguns anos, provavelmente canceroso, relacionado com as áreas do corpo abastecidas por esse centro. Esta opinião se baseia em vários casos em que as observações foram realizadas anos antes do início da enfermidade.

Nas anormalidades físicas graves, em que as glândulas relacionadas com o chakra foram extraídas por meio de uma cirurgia, observou-se que a operação não corrigiu a anormalidade do centro em si. A persistência dessa condição anormal poderá ajudar a explicar o reaparecimento da doença nos órgãos que foram parcialmente removidos, como por exemplo a tireóide.

Apresentamos a seguir um breve excerto das conversas que conduziram à nossa classificação das anormalidades nos chakras que talvez seja interessante.

SK: Como você percebe uma "rachadura", ou um vazamento, num centro etérico?

DVK: Cada vez que o centro, durante sua rotação, alcança o lugar onde há o vazamento, ocorre uma confusão no ritmo. É como se a energia tivesse sido perturbada enquanto atravessava o corpo.

SK: O que você percebe quando há um leve vazamento num do centros?

DVK: Haverá uma perturbação correspondente no ritmo, mas não necessariamente um desalinhamento.

SK: O que você quer dizer com um bom alinhamento dos chakras?

DKV: Quando há um bom alinhamento, não há em geral qualquer perturbação no ritmo ou na cor. Mas quando há uma perturbação, eu procuro uma disritmia ou desalinhamento. Quando o ritmo e a cor estão dentro da amplitude normal, não há um desalinhamento, apesar de os chakras não estarem em equilíbrio.

Estamos aprendendo no momento quais as partes do corpo que são energizadas e por conseguinte controladas pelos diferentes chakras, mas não sabemos ainda que fatores determinam exatamente o local em que a doença irá surgir quando ocorre uma anormalidade em determinado centro. Por exemplo, se o chakra laríngeo etérico apresentar alguma anormalidade quanto à cor, como a presença de vermelho no núcleo ou nas pétalas, não sabemos se isso indica que a doença irá aparecer na própria glândula tireóide, ou se é o seio ou o tórax que serão afetados. Todas essas áreas recebem energia do centro laríngeo. Do mesmo modo, ainda não sabemos se o distúrbio será hormonal, ou se causará um tumor, benigno ou canceroso. Por outro lado, nunca encontramos uma doença relacionada com algum chakra etérico quando o centro observado estava absolutamente normal.

Uma outra observação que tem implicações de grande alcance é que os defeitos genéticos aparecem nos chakras.

Todas essas pistas nos levam a esperar que novas técnicas sejam desenvolvidas no futuro capazes de detectar o comportamento dos chakras etéricos, de forma que as anormalidades possam ser descobertas antes do surgimento dos sintomas físicos. Isso representaria um enorme avanço na direção da verdadeira medicina preventiva. Esta idéia pode parecer muito forçada no momento, mas é somente examinando a origem da enfermidade que podemos esperar descobrir a forma de prevenção.

Anormalidades persistentes nos centros podem ser análogas ao período de incubação que ocorre nas doenças infecciosas. Sabemos que em algumas delas os períodos de incubação podem variar de três a sete ou de quatorze a vinte e um dias. Eis uma pergunta a ser levada em consideração: quais são os fatores determinantes entre o tempo da infecção e o surgimento dos sintomas da doença? Uma segunda pergunta é a seguinte: por que cada doença possui um conjunto de sintomas que lhe é peculiar?

As respostas para essas e outras perguntas enigmáticas podem repousar na harmonia do sistema de chakras.

Cada comentário que fazemos e cada conclusão a que chegamos neste livro baseia-se em provas experimentais extraídas dos históricos das doenças nos quais o processo da enfermidade se apresentava através de anomalias tanto no(s) campo(s) como nos chakras. É possível que alguns dos nossos leitores queiram estudar essas provas por si mesmos; outros poderão achar isso enfadonho preferindo que extrapolemos. Nosso texto, portanto, é seguido de um apêndice no qual os históricos das doenças são apresentados na íntegra, mas na narrativa em si nós generalizamos para o leitor até o ponto em que julgamos ser garantido.

Entretanto, para que essas generalizações sejam significativas, é preciso que o leitor saiba como chegamos a elas, e por esse motivo as correspondências entre os chakras individuais e as diversas glândulas endócrinas devem ser identificadas. Os históricos das doenças constantes no apêndice que estão mais fortemente relacionados com cada chakra particular são indicados. Contudo, como todos os chakras interagem uns com os outros, em alguns casos tornam-se necessárias informações mais completas a respeito de todo o sistema de chakras; nessas situações, os dados são mais detalhados e incluem uma descrição de outros chakras e/ou de todo o campo; em poucos casos também são descritos os chakras astrais.

É preciso enfatizar mais uma vez que DVK não conhecia o diagnóstico clínico antes de observar os pacientes, a não ser nos casos em que havia uma segunda visita.

O Chakra Coronário

Conforme foi citado no Capítulo V, o chakra coronário é o maior e o mais importante dos centros. Ele afeta toda a função do cérebro, mas está especialmente relacionado com a glândula pineal. Por causa da sua ligação com os outros chakras, qualquer perturbação no centro coronário se reflete na maioria dos centros.

A glândula pineal é um corpo cinza-avermelhado, do tamanho de uma ervilha e do formato de uma pinha; daí o seu nome.* Ela se situa bem no interior do cérebro (acima e atrás da comissura posterior, entre os tubérculos quadrigêmeos anteriores, sobre os quais repousa, e debaixo do limite posterior do corpo caloso).

Durante muito tempo a glândula pineal foi considerada um órgão involutivo sem qualquer função ou utilidade. No século XVII, contudo, o filósofo Descartes declarou que a glândula pineal era a morada da alma e o único local onde a mente e o corpo interagem, porque em todos os outros lugares eles estão irremediavelmente separados, por serem formados (segundo ele) por duas substâncias totalmente diferentes. Seus escritos também insinuavam que os olhos podem desempenhar um papel nesse mecanismo. Muitas pessoas ridicularizaram suas afirmações, mas hoje, 300 anos mais tarde, a glândula pineal está sendo intensamente investigada por cientistas da área da medicina, apesar do dualismo intransigente do filósofo estar sendo rejeitado em favor de uma visão mais unificada da realidade.

Houve em 1959 um grande avanço no entendimento da função desta glândula quando Lerner, um dermatologista, conseguiu isolar o hormônio melatonina, por ela produzido. Descobriu-se que a produção de melatonina era elevada durante a noite e baixa durante o dia; este ritmo que se repete a cada vinte e quatro horas é importante sob o aspecto dos relógios biológicos do corpo. Foram descobertos compostos semelhantes na retina do olho.

---

* Pinha em inglês é *pine cone* (N.T.).

A pesquisa contemporânea confirma que a glândula pineal produz hormônios que controlam outros ritmos biológicos, e que ela possui diversas ligações endócrinas. Kappers descobriu, em 1960, que os nervos primários que estimulam a glândula pineal não têm origem no cérebro, e sim no sistema nervoso simpático (especificamente nas células simpáticas nos gânglios cervicais superiores). (Cf. *The New Scientist*, 25 de julho de 1985, e *Science News*, 9 de novembro de 1985.)

Doenças Relacionadas com o Chakra Coronário

Dentre os muitos casos estudados que estavam especificamente relacionados com anormalidades no chakra coronário, escolhemos o de CT, pastor metodista e curador, de setenta e cinco anos de idade, que desenvolveu uma paralisia no lado direito do corpo com dificuldade para falar (afasia e apraxia) em 5 de julho de 1958. Havia ocorrido alguma melhora quando ele foi visto em abril de 1959. (Vejam pp. 172-191 do apêndice para detalhes completos.)

O exame do seu campo geral mostrou que havia manchas cinzentas espalhadas por todo o campo etérico, com tons mais escuros de cinza em volta da cabeça. A luminosidade era superior à média, mas havia locais foscos no campo. O movimento apresentava um padrão ao mesmo tempo rítmico e disrítmico, pois era mais lento em torno da cabeça, onde a elasticidade também era pequena. Além disso, o campo etérico estava curvo do lado direito da cabeça e fragmentado em grânulos finos do lado esquerdo, o que indicava uma lesão cerebral. Os dedos etéricos da mão direita estavam alongados revelando um potencial para a cura.

O comentário de SK sobre essas observações, depois de consultar o diagnóstico médico, foi que a correlação entre a descrição de DVK e a condição clínica foi excelente. A lesão básica foi avaliada pela granulação do campo etérico do lado esquerdo do cérebro, e a inclinação do lado direito coincidiu com a paralisia.

O chakra coronário estava anormal, havendo uma grande discrepância entre a cor, luminosidade, velocidade de movimento, elasticidade e textura do núcleo e das pétalas. Enquanto a luminosidade das pétalas comprovava a prática da meditação, a opacidade do núcleo indicava um processo de doença. DVK descreveu de forma interessante o que percebia etericamente no cérebro. Ela declarou que pensa na parte do cérebro que parece lidar com o mecanismo da audição como na "prancha acústica". Neste caso, os impulsos elétricos que atuam normalmente como essa prancha acústica foram danificados, o que por sua vez interferiu no mecanismo da audição. O "monitor da fala" do cérebro etérico estava ausente. Havi também uma disritmia, com redução da atividade energética nos lobos frontais. SK levantou a hipótese de que a redução de energia na parte esquerda acima do núcleo do chakra era provavelmente causada pela lesão do lado esquerdo do cérebro.

Outra doença especialmente relacionada com o centro coronário é a epilepsia. Examinamos um número considerável desses casos, dos quais apresentamos a seguir um exemplo típico. (Dados adicionais podem ser encontrados no apêndice.)

MJ, de vinte e um anos de idade, apresentava anormalidades bilaterais no EEG,* com um dos lados apresentando maior perturbação do que o outro. Ela foi examinada inicialmente pelo Dr. Wilder Penfield no Montreal Neurological Institute em 1952, tendo sofrido convulsões epilépticas desde a mais tenra idade. Os sinais de aviso, chamados de "aura", eram uma sensação na cabeça, palpitações, arregalar de olhos, movimentos de mastigação, e ações automáticas em vez de espontâneas. Essas crises menores eram algumas vezes, mas nem sempre, seguidas de uma crise maior com perda total da consciência.

MJ tinha uma grande marca de nascença do lado direito do rosto, da testa e do couro cabeludo. Seu comportamento era imprevisível e por vezes perigoso. Ela apresentava periodicamente um gênio violento, ciúme e um comportamento agressivo; ela batia na mãe, atirava coisas em volta de si e quebrava objetos. Exigia atenção permanente e tinha uma vontade muito forte.

O laudo médico indicava sinais de lesão cerebral (distúrbio epiletiforme independente a partir da região temporal esquerda, embora a descarga máxima fosse claramente do lado direito). O Dr. Penfield realizou duas excisões cirúrgicas na parte posterior direita do cérebro (uma lobectomia temporal posterior direita), uma em 1952 e a segunda em 1953. Houve uma melhora de 75 por cento nas suas crises e no seu comportamento, mas seu ciúme e acessos de raiva continuaram.

DVK viu a paciente na cidade de Nova York em 1957. Ela não tinha qualquer conhecimento da sua história clínica, nem tampouco recebeu qualquer informação a respeito da paciente.

Ela relatou que o campo etérico geral estava desequilibrado em ambos os lados da cabeça. Do lado esquerdo, o etérico era pressionado para dentro; o lado direito da cabeça, bem como o do corpo, se estendiam cerca de dois centímetros para fora. A textura do lado direito parecia mais densa, penetrando cerca de três centímetros mais fundo no cérebro etérico. Além disso, a energia parecia espasmódica no lobo pré-frontal direito em comparação com o esquerdo.

A cor dessa região do campo etérico era cinza-escuro, com uma mistura de vermelho-escuro, o que não é normal. A textura era levemente grosseira e o movimento errático, com um fluxo entrecruzado. A própria substância do cérebro etérico parecia desarmoniosa; o fluxo de energia era instável e espasmódico nos lobos pré-frontais.

---

* Eletroencefalograma (N.T.).

Na área atrás do olho direito, bem no fundo da massa do encéfalo, havia "saltos" no padrão de energia. Do lado direito do cérebro havia uma "mancha vazia", onde a energia etérica parecia saltar sobre um espaço vazio. (DVK apontou para a região temporal direita e para a pré-central direita quando fez esse comentário, que coincidiu com a parte daquele lado do cérebro que havia sido removida por meio da cirurgia.) Ela viu a área do distúrbio na região pré-central como "um canal longo e estreito como uma vala", onde o fluxo etérico era anormal.

O chakra coronário tinha cerca de quinze centímetros de largura, e estava situado a aproximadamente três centímetros acima do alto da cabeça. As pétalas do lado direito, localizadas mais ou menos às seis e às oito horas, apontavam para baixo, o que não é normal, e apresentavam, além disso, algumas manchas vazias anormais. O núcleo do centro coronário tinha cerca de dois centímetros e meio de diâmetro, era alongado, dilatado, mais largo e mais elástico do que o normal, e o padrão de energia neste chakra era aparentemente complexo.

Podia-se perceber uma nítida perturbação no chakra coronário, o que indicava que a paciente estava sujeita a alterações de consciência que poderiam conduzir a uma inconsciência total ou parcial. A haste do centro coronário caía para a frente, e parecia exercer pressão em alguns dos centros nervosos. Isso por sua vez afetava sua percepção sensorial, e por conseguinte suas reações pareciam erráticas. O lado direito parecia ter padrões curtos e espasmódicos, ao passo que o esquerdo tinha padrões mais longos.

DVK comentou que se a paciente ficasse emocionalmente perturbada ou cansada, a energia etérica entraria em curto-circuito, e por conseguinte, suas reações ficariam mais erráticas, seu senso de equilíbrio se perderia, e ela ficaria mais confusa.

O chakra frontal etérico tinha cerca de sete centímetros de largura, estendendo-se um centímetro à frente da testa. Seu movimento era muito lento, o que afetava a região do lobo pré-frontal do cérebro.

O chakra laríngeo tinha cerca de quatro centímetros de largura, e estava situado a um centímetro da parte da frente do pescoço. Ele indicava que a pessoa tinha suportado um longo período de tensão, o que fazia com que se sentisse fechada e tolhida, o que por sua vez criava mais tensão interna e reduzia o fluxo de energia etérica. DVK observou, contudo, que seu estado estava sem dúvida bem melhor do que anteriormente. Esta observação estava clinicamente correta.

A paciente foi novamente observada em fevereiro de 1958. Nessa ocasião, DVK percebeu que ainda existiam padrões de energia serpeantes no cérebro em torno das regiões das sete e das nove horas. As pétalas do chakra coronário apresentavam alguma melhora, apontando menos para baixo. DVK reparou que às vezes a energia se acumulava dentro da paciente sem que pudesse se escoar. Por conseguinte, a mais leve perturbação emocional fazia com que ela explodisse furiosamente. DVK sugeriu que se fosse possível encontrar um escoadouro construtivo para que ela pudesse dar vazão às suas emoções, especialmente algo ritmado como a música, a dança ou a música folclórica, sua tensão interna seria bastante aliviada.

Como o chakra coronário estava elástico e mais largo do que o normal, a paciente ficava aberta a influências de natureza indesejável, especialmente durante os períodos de comportamento errático.

A interpretação e os comentários de DVK a respeito do que percebia no chakra coronário e no lado esquerdo do cérebro etérico estavam exatamente relacionados com os resultados da remoção cirúrgica de partes do cérebro. Sua descrição da perturbação emocional e dos ataques violentos foi extraordinariamente precisa.

O Chakra Frontal

O chakra frontal está especialmente relacionado com a glândula pituitária. Ela é uma massa vascular cinza-avermelhado, de forma oval, que pesa cerca de um grama e tem 1,2 por 1,5 centímetros de tamanho. Está situada dentro de uma estrutura óssea (denominada sela túrcica) na base do crânio, a seis centímetros de um ponto entre as sobrancelhas. A glândula está presa (pelo infundíbulo) à superfície inferior do cérebro (o hipotálamo). Anatômica e funcionalmente, ela se compõe de dois lobos, separados um do outro por uma placa ou lâmina fibrosa. A parte frontal ou anterior é mais larga apresentando uma forma alongada, um tanto ou quanto côncava na parte posterior, onde recebe o lobo redondo que está atrás de si (o lobo posterior). Esses dois lobos diferem sob o aspecto do desenvolvimento, estrutura e secreção hormonal.

O lobo anterior apresenta uma coloração marrom-avermelhado escura, e se parece com a tireóide na sua estrutura microscópica. (Embriologicamente, ela se desenvolveu do epiblasto da cavidade bucal.) Os hormônios da pituitária anterior são regulados pelo hipotálamo (por neuro-hormônios elaborados por células neurossecretórias). A glândula pituitária anterior segrega os seguintes hormônios, que por sua vez regulam as outras glândulas do corpo:

A Corticotropina (ACTH), que afeta o córtex supra-renal
O hormônio estimulador da tireóide (TSH)
O hormônio folículo-estimulante nas mulheres (FSH)
O hormônio luteneizante (LH)
O hormônio do crescimento (GH)
O hormônio lactogênico denominado Prolactina

O lobo posterior se manifesta como uma excrescência do cérebro embrionário. (Ele se funde com a pituitária anterior nos mamíferos.) Produz os seguintes hormônios:

O hormônio antidiurético (ADH) que estimula a
reabsorção da água pelos rins
A Oxitocina, que ajuda na contração do
útero fecundado e libera o leite
pela mama lactante

Doenças Relacionadas com o Chakra Frontal

Uma vez que a glândula pituitária rege os hormônios das outras glândulas endócrinas, a classe médica chegou à conclusão de que a remoção cirúrgica da pituitária poderia retardar ou impedir o crescimento das metástases do câncer a outras partes do corpo. Em cada nove casos de graves distúrbios da glândula pituitária analisados no New York Outpatient Center, sete haviam tido a glândula extirpada por motivos terapêuticos. Não havia quaisquer sinais físicos da operação. Em cinco dos casos, a remoção cirúrgica fora feita em pacientes com câncer na mama com metástases. Em dois dos casos, a excisão fora efetuada em decorrência de perturbações metabólicas (a doença de Hans-Schuller-Christian e a doença de Paget).

Em todos esses casos, DVK constatou que os chakras etéricos frontais apresentavam claras anormalidades. Em sete dos casos, ela descreveu uma ausência de energia etérica no núcleo da glândula pituitária, observação bastante plausível, uma vez que a glândula tinha sido cirurgicamente removida. Em dois casos de doenças extremamente raras nos ossos, ela descreveu com precisão as alterações na estrutura óssea, embora elas fossem diametralmente diferentes uma da outra. Em nenhum dos casos ela percebeu uma glândula pituitária enferma como normal.

No início, DVK não tinha a menor idéia de que fosse possível extirpar cirurgicamente a glândula pituitária, mas suas observações da contraparte etérica foram corretas: ela a percebeu como opaca e sem energia. Não é fácil efetuar uma cirurgia nessa região do cérebro, e é possível que a glândula pituitária não tenha sido completamente removida, mas ela informou que estava faltando a parte central. Em alguns casos nos quais a excisão foi provavelmente incompleta, ela descreveu uma leve quantidade de energia etérica na periferia da glândula pituitária. Em nenhum dos casos, contudo, o chakra etérico frontal voltou à normalidade depois que a pituitária foi removida.

Um caso particularmente relacionado com as anormalidades do chakra frontal é o de uma mulher que sofria de diabetes insípido, que envolve a pituitária, e cujos sintomas são a sede e a excreção urinária excessivas. Quem sofre dessa doença é em geral nervoso, irrequieto, apreensivo, e neste caso a mulher sentia fortes dores de cabeça do lado direito, que se estendiam até a testa. Estas últimas ocorreram seis meses depois do nascimento de um filho. Posteriormente, a paciente desenvolveu a doença de Hans-Schuller-Christian, um distúrbio metabólico, tendo-lhe sido administrados medicamentos e um tratamento de raios X.

DVK observou que o chakra etérico frontal era fortemente anormal, por apresentar uma coloração cinza tanto nas pétalas quanto no núcleo, uma irregularidade bem como um vazamento no núcleo, além de espessamento e frouxidão dos elementos etéricos em geral. A periferia da glândula pituitária etérica era mais macia e mais elástica do que o normal, e sua atividade era irregular: o centro e o lado direito da glândula eram mais ativos do que as outras partes. Os ossos do alto da cabeça (na região da fontanela) pareciam mais duros e mais grossos do que o normal, porém não de maneira uniforme. Eles eram também menos elásticos.

Neste caso, as observações de DVK correspondem precisamente às conclusões médicas, especialmente com relação à descrição da qualidade dos ossos.

(Os detalhes a respeito deste e outros casos relacionados com o chakra frontal podem ser encontrados no apêndice.)

O Chakra Laríngeo

O chakra laríngeo está mais estreitamente ligado às glândulas tireóide e paratireóide. A glândula tireóide é extremamente importante para o bem-estar do indivíduo comum, uma vez que controla o metabolismo sendo responsável pelo equilíbrio do corpo. Existe um estreito relacionamento entre a paratireóide e os dois lobos da glândula tireóide.

Esta última pesa 30 gramas e está situada no pescoço logo abaixo da laringe. Uma das suas funções é aumentar o consumo de oxigênio, e ela regula portanto os processos de crescimento e diferenciação de tecidos. A glândula produz o hormônio tireoideano para o controle do metabolismo, e a calcitonina que ajuda a reduzir o cálcio no sangue. A glândula tireóide é essencial para o funcionamento normal do organismo, uma vez que intensifica a síntese de proteína virtualmente em todos os tecidos do corpo.

As glândulas paratireóides são formadas por quatro ou cinco corpúsculos redondos, cada um do tamanho de uma lentilha, presas à superfície posterior dos lobos da glândula tireóide. Sua principal função é manter a homeostase do cálcio do sangue, o que conseguem estimulando a decomposição do osso, dessa forma liberando cálcio e fosfato na corrente sangüínea. Elas também aumentam o cálcio no sangue estimulando sua absorção pelos intestinos e túbulos renais.

Os principais reguladores da homeostase de cálcio e de fósforo no corpo são o hormônio paratireoideano e a vitamina D. (Hoje em dia, a vitamina D é considerada um hormônio.) No hiperparatireoidismo, existe um distúrbio generalizado de fosfato de cálcio e do metabolismo dos ossos, resultante de um aumento da secreção do hormônio paratireóideano da parte das glândulas paratireóides, o que causa a hipercalcemia.

Foram observados diversos tipos de disritmia no centro laríngeo. Existe um número maior de pessoas com algum distúrbio nessa região do que em qualquer outro chakra etérico. Quando o chakra está "caído" e seu ritmo mais lento, existe uma debilidade generalizada e uma tendência à fadiga; nos estados de tensão, contudo, o núcleo fica mais firme enquanto que as pétalas se tornam mais frouxas e a energia disritmada. Ocasionalmente percebe-se uma ruptura no ritmo, bem semelhante a uma rachadura num disco, o que indica um pequeno vazamento de energia. Em alguns tipos de distúrbios mentais, o chakra laríngeo poderá apresentar um dilaceramento.

Doenças Relacionadas com o Chakra Laríngeo

Foram estudados numerosos casos de centros etéricos laríngeos normais e levemente alterados. Em doze casos de câncer em que a glândula tireóide fora removida por meio de cirurgia, DVK constatou a ausência da glândula etérica. Nos casos em que houvera uma resseção parcial, ela informou que parte da tireóide fora removida. Em todos os casos observados, o chakra laríngeo permaneceu anormal mesmo depois da excisão cirúrgica do tumor canceroso. O tempo que ele levaria para recuperar a normalidade é um interessante tema de pesquisa.

Houve um caso particularmente interessante, em que a paciente (RS) sofria da doença de Paget, que envolve uma inflamação crônica dos ossos, especialmente da pélvis, do fêmur, das vértebras e do crânio, cujo tamanho também se altera. (Maiores detalhes podem ser encontrados no apêndice na parte referente ao chakra frontal.) DVK verificou que o funcionamento do chakra laríngeo não era normal, especialmente no vórtex, que estava mais lento. A glândula tireóide parecia "morta", tendo sido provavelmente removida, e as paratireóides não estavam funcionando normalmente. A baixa intensidade de energia nessas glândulas, que pareciam oscilantes e desequilibradas com relação à tireóide, levaram-na a desconfiar de que a paciente sofresse das paratireóides. (O histórico clínico mostrava que a paratireóide direita havia sido extraída por causa de um adenoma, e ela tinha sofrido uma hemitireoidectomia.)

O osso parecia "mais fino" no lado direito do crânio, condição que se repetia num menor grau na parte posterior da cabeça e nos ossos da coluna vertebral e das pernas. Nos ossos normais, a textura etérica parece dura e grossa, mas nesta paciente a estrutura dos ossos parecia "farelenta" e partida em pequenos pedaços. (Esse fato era notavelmente diferente da condição dos ossos observada no caso anterior de diabete insípido.) A estrutura óssea estava particularmente fina e granulosa no lado direito da cabeça.

Ao observar os órgãos, DVK sentiu não apenas que as glândulas supra-renais estavam funcionando de forma deficiente, como também que o fígado estava preguiçoso. O rim esquerdo parecia normal, mas havia um indício de existir uma pedra mole. O rim direito não estava funcionando normalmente, e exibia a mesma aparência "farelenta", idêntica ao do trato intestinal. Havia uma coloração cinza pouco comum no núcleo do chakra umbilical, cujo funcionamento estava ao mesmo tempo lento e fora de ritmo.

Neste caso, as observações de DVK combinaram extremamente bem com o diagnóstico médico, especialmente com relação à condição dos ossos.

O Chakra Cardíaco

O centro cardíaco está estreitamente relacionado com o coração físico, a corrente sangüínea, e o equilíbrio elétrico do sistema linfático. Ele tem ligação com a glândula timo, e, segundo informações atuais, também com o sistema imunológico.

O timo se compõe de dois lobos laterais fortemente ligados por um tecido conjuntivo, estando encapsulado. Está situado ao longo da linha central do tórax (parte no pescoço e parte no mediastino superior, estendendo-se da quarta cartilagem costal, no sentido ascendente, até a extremidade inferior da glândula tireóide). Embaixo, ele repousa sobre o coração (pericárdio).

O timo tem uma coloração cinza-rosado, e é macio e lobulado na superfície. Tem cinco centímetros de comprimento e cerca de três centímetros e meio de largura. Pesa cerca de oito gramas no recém-nascido, diminuindo porém no adulto, sendo dificilmente percebido na pessoa idosa. Ele era inicialmente considerado uma glândula involutiva de pouca importância; houve época em que se acreditava que ele funcionasse apenas como produtor de células linfáticas (linfócitos).

Contudo, a partir de 1960, o timo passou a ser considerado da maior importância na maturação de um sistema imunológico eficiente. Seu hormônio fundamental é a timosina (um peptídeo ativo), que favorece o desenvolvimento do sistema imunológico, sendo o timo portanto de importância fundamental para a capacidade de produzir anticorpos e rejeitar tecidos e células estranhos.

No início de 1959, quando pediram a DVK que avaliasse os centros etéricos de muitas pessoas, bem como as glândulas etéricas correspondentes a esses centros, seu primeiro e inesperado comentário foi que a glândula timo está relacionada com a imunidade do corpo. Isso era absolutamente desconhecido da classe médica na ocasião, pois foi só mais tarde, nos anos sessenta, que a descoberta foi noticiada nos periódicos médicos.

DVK verificou que a glândula timo mostra-se mais firme, mais brilhante e menos porosa nas crianças do que nos adultos, além de possuir mais energia. Durante um período de exercício, o timo de uma criança exerce um efeito maior na circulação do que num adulto. Constatou-se que esse efeito é mais visível na parte inferior do timo do que na superior.

Há uma ponte entre a parte superior do timo e a tireóide. Quando uma pessoa se torna emocionalmente perturbada, isso é perceptível nas ligações etéricas entre o timo e o cérebro na região da glândula pituitária. Etericamente, os glânglios linfáticos mostram-se mais fortemente unidos do que o timo, que parece frouxo e poroso.

Fisicamente, o chakra cardíaco parece afetar principalmente a operação das válvulas do coração. Nos adultos, o ritmo do coração é condicionado pelo marcapasso. DVK observou que pode existir alguma ligação entre o ritmo do coração e os estados emocionais, o que afeta o timo. O ritmo do coração também está relacionado com os efeitos da meditação sobre o chakra cardíaco astral.

Doenças Relacionadas com o Chakra Cardíaco

MT, de 76 anos de idade, tivera um coração muito aumentado durante dez anos, sem quaisquer sintomas de paradas cardíacas, inchação nos pés ou falta de ar. O paciente estivera bastante ativo.

Em agosto de 1985, decidiu-se fazer uma punção no pericárdio, do qual foram aspirados 300 cc de líquido. Embora este último estivesse límpido e os testes bacteriológicos tenham sido negativos, foi administrado ao paciente um medicamento antiinflamatório durante duas semanas. Radiografias tiradas seis semanas mais tarde mostraram que a melhora ocorrida logo depois da aspiração do pericárdio permanecera constante.

Em setembro de 1985 DVK observou o chakra cardíaco do paciente. Sua cor era dourada, porém com alguma flutuação; a textura era relativamente áspera; a forma se estreitava levemente na periferia do chakra.

Quanto ao coração, DVK informou estar ligeiramente aumentado, o que era normal no caso desse indivíduo. Havia, além disso, um espessamento da membrana pericárdica posterior, que provavelmente já existia há muito tempo, podendo até ser uma anomalia congênita. Não parecia haver um quadro inflamatório nem indícios de infecção.

A impressão de DVK foi de que o coração estava maior do que o normal, e que seu pericárdio estava justo demais. A fricção resultante entre o coração e a membrana durante a contração produzia o aumento de líquido na cavidade pericardiana.

O nível geral de vitalidade do campo etérico era muito bom.
Foi boa a correlação entre as observações de DVK e o diagnóstico médico neste caso.

O Chakra Umbilical

O centro do plexo solar está relacionado com as *glândulas supra-renais*, bem como com o pâncreas, o fígado e a região do estômago.

A palavra "supra-renal" significa perto ou sobre o rim, e as glândulas que recebem esse nome são dois corpos triangulares que cobrem a superfície superior dos rins. Cada parte desse órgão duplo é composta de uma camada externa ou córtex e de uma região interna ou medula. (Embriologicamente, o córtex procede do mesoderma, que também dá origem às gônadas, e a medula do ectoderma, que dá origem ao sistema nervoso simpático.) A glândula está encerrada num tecido conjuntivo rijo a partir do qual feixes de fibras (trabéculas) se dirigem ao córtex. As glândulas supra-renais têm de três a cinco centímetros de comprimento e de quatro a seis milímetros de espessura, pesando em média cinco gramas.

O córtex segrega hormônios que são sintetizados a partir do colesterol. Eles são os seguintes:

Os *glucocorticóides*, que lidam com o metabolismo dos carboidratos.
Os *mineralocorticóides*, que afetam o metabolismo do sódio e do potássio.
Os *androgênios*, que se compõem de dezessete quetosteróides, estrogênio e progestinas, importantes na fisiologia da reprodução, e também no metabolismo dos carboidratos, da água, dos músculos, dos ossos, do sistema nervoso central, gastrointestinal, cardiovascular e hematológico. Eles atuam também como agentes antiinflamatórios.

O córtex pode ser considerado a fonte dos hormônios doadores de vida. No hipofuncionamento das glândulas supra-renais, ocorre a doença de Addison, que causa a atrofia do córtex supra-renal com uma diminuição de sódio e do cloro no sangue, e um aumento de potássio, dando origem à hipotensão e ao colapso circulatório, que é fatal quando não é tratado.

Em 1932, o neurocirurgião americano Harvey Cushing descreveu uma síndrome que recebeu seu nome. Ela decorre de uma hipersecreção do córtex supra-renal, caracterizando-se pela obesidade, hipertensão, cansaço fácil, fraqueza, hirsutismo, edema, glicosúria e osteoporose. Ocorre uma produção excessiva de glicocorticóides. A doença pode ser causada por um tumor na glândula supra-renal ou pela estimulação excessiva dessa glândula em decorrência do hipofuncionamento da pituitária anterior.

A medula supra-renal sintetiza e armazena a dopamina, a norepinefrina e a epinefrina (adrenalina), e está ligada ao sistema nervoso simpático, produzindo efeitos nos estados emocionais.

Doenças Relacionadas com o Chakra Umbilical

É um fato bastante conhecido que as úlceras estomacais estão fortemente relacionadas com o estresse emocional, e esta suscetibilidade é bastante aparente no plexo solar, que registra nitidamente as perturbações emocionais. Existem fortes ligações entre este chakra e sua contraparte astral, bem como todo o campo emocional, e observações realizadas demonstraram que quando existem distúrbios no plexo solar etérico, o astral de um modo geral também está envolvido.

Um caso bastante interessante que envolve o plexo solar é o de DT, conhecida jornalista e oradora, cujo marido morrera alguns meses antes da nossa entrevista. Não houve diagnóstico clínico nessa ocasião, uma vez que fazia tempo que a paciente não consultava um médico.

Ao examinar o campo etérico geral, DVK reparou que havia mudanças de cor em volta do abdômen, a luminosidade estava acima da média, e que a disritmia era evidente, uma vez que o movimento variava de rápido a lento. O etérico estava mais largo do lado esquerdo do corpo, além de caído, apresentando uma fenda sobre a região da cabeça.

Ao observar o abdômen e os órgãos internos, DVK constatou um bloqueio na região superior esquerda do abdômen (próximo à curva esplênica), a qual ela identificou apontando para a área. A paciente não se queixara de quaisquer sintomas gastrointestinais, não apresentava qualquer mal-estar, e ainda, como já foi mencionado, não tinha feito nenhum exame médico.

A cor das pétalas no chakra umbilical era amarelo-rosado, o que levou DVK a concluir que a mulher era uma pessoa de emoções muito fortes, acostumada a controlá-las e reprimi-las com a mente e a vontade. Ela às vezes tolhia seus sentimentos pessoais, se sentia ser essa a atitude correta a tomar, colocando suas glândulas supra-renais sob estresse permanente; além disso, ela se forçava continuamente a trabalhar num ritmo que estava muito além da sua capacidade física.

Depois da sua apreciação, DVK recomendou que a paciente procurasse seu médico e tirasse algumas radiografias. O resultado desses testes mostrou um bloqueio do cólon exatamente no ponto indicado por DVK. Três dias mais tarde foi diagnosticado um câncer no cólon descendente, o qual foi extirpado por meio de uma cirurgia.

Como acompanhamento, a paciente foi novamente vista algumas semanas após a cirurgia. DVK observou que o campo etérico geral estava menos caído sem haver contudo voltado à normalidade. O bloqueio havia desaparecido, mas as glândulas supra-renais ainda estavam sob o efeito do estresse.

Neste caso, a correlação entre a observação clarividente e o laudo médico foi exata, mas a observação precedeu o diagnóstico.

O Chakra Esplênico

O baço é um corpo alongado, vermelho-escuro, situado no quadrante superior esquerdo do abdômen, atrás e abaixo do estômago.

Uma das principais funções do baço é resistir a infecções. Ele é o centro da produção específica de anticorpos (células "B"), e serve para eliminar microorganismos e detritos celulares do plasma, funcionando portanto como um filtro imunológico do sistema circulatório. Ele se compõe de duas partes: a "substância branca" e a "substância vermelha". As funções da substância branca são gerar anticorpos, produzir um hormônio chamado "tuftisina", bem como causar o amadurecimento dos linfócitos "B" e "T" e das células plasmáticas, que desempenham um papel na imunidade. As funções da substância vermelha são as seguintes: remover partículas de matéria indesejáveis, como bactérias ou elementos deteriorados do sangue; a função de reservatório de elementos do sangue, leucócitos e plaquetas; um processo de seleção que elimina os corpos de inclusão.

O chakra esplênico ou do baço fornece um dos três mais importantes pontos de entrada no corpo para a energia etérica (prana); os outros dois são os pulmões e a pele. DVK acredita que a formação do sangue seja em grande parte determinada pela largura e intensidade do fluxo de energia etérica entre o chakra esplênico e o chakra umbilical.

Doenças Relacionadas com o Chakra Esplênico

Quando o baço é cirurgicamente extirpado, a aparência do chakra esplênico não parece ser afetada, pois ele permanece tão visível e ativo quanto os outros. Suas funções físicas relacionadas com a formação do sangue e o armazenamento de ferro, ao contrário do processamento da energia etérica, são transferidas para o fígado. (É preciso frisar que esse ponto de vista não corresponde à opinião médica atual.)

Contudo, uma paciente cujo baço fora acidentalmente danificado durante uma cirurgia abdominal foi observada um ano depois. A quantidade de energia etérica no chakra era normal, porém o centro estava demorando mais do que o usual para absorver e distribuir a energia. Em outras palavras, ele estava levando mais tempo para recarregar sua vitalidade.

Como já foi mencionado no Capítulo V, o chakra do baço possui fortes ligações com todos os outros chakras, os quais ele alimenta com um acréscimo de prana ou energia etérica extraída do campo universal. No caso de um paciente que sofria de leucemia linfática crônica, cujo baço e fígado estavam aumentados, e cuja tireóide possuía um nódulo, DVK observou anormalidades nos chakras laríngeo, umbilical e esplênico. Ela verificou que o centro laríngeo parecia estranhamente ligado ao umbilical, e que o esplênico não estava normal. Isso fez com que ela se perguntasse qual seria a contagem dos glóbulos sangüíneos. O chakra do baço apresentava um número menor de cores do que de costume, e estas eram mais pálidas do que usualmente. (O leitor certamente irá se lembrar de que as cores deste centro repetem em geral as dos outros centros.) Havia uma perturbação nas pétalas que fornecem energia ao plexo solar. O centro esplênico também estava levemente desalinhado e por esse motivo incapaz de processar e distribuir o suprimento normal de energia aos outros centros. Em virtude dessas anormalidades, DVK também observou o chakra esplênico astral, e verificou que sua coloração vermelha estava mais pálida do que o normal, que seu movimento estava espasmódico e sua forma caída, e que ele ainda tinha a tendência de absorver energia fechando-se a seguir.

Todas essas anormalidades funcionais, e especialmente o comentário a respeito da contagem dos glóbulos sangüíneos, tinham estreita correlação com o diagnóstico médico.

O Chakra do Sacro

Este centro está relacionado com as gônadas, termo que inclui tanto as glândulas reprodutoras masculinas quanto as femininas.

Os ovários são duas glândulas na mulher que produzem a célula reprodutora, o óvulo, e dois outros hormônios conhecidos. Eles são corpos de formato amendoado situados nos dois lados da cavidade pélvica, prendendo-se ao útero pelos ligamentos útero-ovarianos. Eles têm quatro centímetros de comprimento, dois de largura e um e meio de espessura.

A estrutura de cada ovário consiste de duas partes: uma parte externa denominada córtex, que envolve uma medula central. O córtex produz os óvulos e o hormônio estrogênio. A progesterona é segregada por uma massa de tecido amarelo-avermelhado denominada corpo lúteo. A atividade dos ovários é controlada basicamente pelos hormônios gonadotrópicos do hormônio folículo estimulante da pituitária (FSH) e pelo hormônio luteinizante (LH).

As gônadas masculinas ou testículos, duas glândulas reprodutoras, estão localizadas no escroto e produzem as células reprodutoras masculinas ou espermatozóides e o hormônio masculino testosterona, um esteróide. Cada testículo tem cerca de quatro centímetros de comprimento, dois centímetros e meio de largura e de espessura, e é envolvido por uma membrana fibrosa densa e inelástica. O hormônio masculino testosterona estimula a produção das características sexuais secundárias, sendo essencial para o comportamento sexual normal.

DVK observou que o chakra do sacro é o único centro em que a direção do movimento difere nos homens e nas mulheres. O chakra masculino etérico é de um tom vermelho bem mais escuro, e revolve no sentido horário. O chakra etérico feminino, ao contrário, é vermelho-alaranjado revolvendo no sentido anti-horário.

Sob o ângulo da clarividência, os ovários normais se caracterizam por uma luz vibrante e reluzente. Quando os ovários apresentam quistos, o brilho diminui; quando um ovário é extirpado, a luz desaparece mas ainda pode ser vista no ovário remanescente. Quando tanto os ovários quanto o útero são extraídos, ocorrem mudanças no chakra do sacro. A cor vermelha normal do núcleo se torna mais alaranjada, e as pétalas mais amareladas. Contudo, o tamanho do centro permanece inalterado.

Doenças Relacionadas com o Chakra do Sacro

Os livros de medicina descrevem os "rubores" como um fenômeno cujo mecanismo e patologia são obscuros. Os rubores são comuns nas mulheres na menopausa quando os hormônios do ovário diminuem, ou quando os ovários são extraídos por meio de uma cirurgia. Ocorre em geral uma sensação subjetiva de calor, principalmente no peito, pescoço e rosto, a qual nos casos graves pode se estender por todo o corpo. Isso se faz imediatamente acompanhar de suor e de um rubor na pele, que dura alguns minutos. Os intervalos entre os rubores variam de pessoa para pessoa, podendo até ocorrer de hora em hora, ou a cada seis ou oito horas. Sabe-se que as mulheres arrancam as cobertas durante o sono para se refrescarem. Algumas mulheres tomam o hormônio sexual feminino para reprimirem os rubores, ao passo que outras preferem deixar a natureza seguir seu curso.

Pedimos a DVK que observasse uma paciente que sofria de freqüentes ataques de rubores. Foi possível repetir a observação várias vezes, posteriormente, e diversas vezes ela viu a pessoa antes que quaisquer sintomas estivessem visíveis.

DVK informou que a energia etérica que emanava da glândula pituitária se lançava na direção dos ovários para estimulá-los, como no padrão normal. Entretanto, como a pessoa tivera os dois ovários extirpados, não havia qualquer reação. A glândula pituitária respondia aumentando seu fluxo etérico, num esforço de estimular os hormônios ovarianos, porém totalmente em vão. (É sabido que os hormônios da glândula pituitária exercem um efeito sobre o ciclo menstrual.) Em conseqüência disso, a glândula pituitária pareceu enviar um forte sinal à glândula tireóide, convocando-a a entrar em ação, por assim dizer, para compensar a falta de reação do ovário. A tireóide, por deter até certo ponto o controle da temperatura do corpo, aumentou sua atividade através da dilatação dos vasos sangüíneos e da transpiração.

DVK descreveu essa interação como uma luz vibrante que jorrava na direção das diferentes glândulas endócrinas. Quando as glândulas respondiam, percebia-se uma luminosidade reluzente. Quando a glândula visada não reagia, o sistema glandular da tireóide respondia ao estímulo da pituitária.

Uma outra paciente nos foi enviada para uma avaliação local. Ela tivera um tumor no reto durante dois anos, e um ano depois desenvolvera um tumor na mama. Um ginecologista diagnosticou um quisto no ovário direito.

DVK verificou que nesse ovário o fluxo da energia etérica na direção da glândula pituitária estava parcialmente bloqueado. O ovário parecia do tamanho de uma bola de tênis, e sua superfície mais porosa do que o núcleo. O ovário esquerdo parecia normal. Além disso, a glândula pituitária não estava tão ativa do lado direito quanto do esquerdo.

Neste caso, a observação de DVK do campo etérico geral e dos órgãos etéricos foi suficiente para seu diagnóstico — o qual correspondia ao histórico da doença — não sendo levada a cabo, portanto, uma análise detalhada dos chakras.

O Chakra Raiz

Não existe relação entre o chakra raiz ou fundamental e qualquer das principais glândulas endócrinas. Contudo, DVK declarou perceber uma glândula bem pequena, do tamanho de uma ervilha, situada na base da coluna vertebral. É o glomo coccígeo, conhecido às vezes por corpo coccígeo. Ele foi descrito pela primeira vez pelo anatomista Luschkas (1820-1875), porém sua função ainda não está bem documentada. A glândula coccígea está situada perto da extremidade do cóccix na base da coluna vertebral, tendo cerca de dois centímetros e meio de diâmetro, e uma forma oval irregular. São encontrados por vezes vários nódulos menores em volta ou perto da massa principal. Também existem a contraparte astral e a mental dessa pequenina glândula.

O chakra raiz é tradicionalmente relacionado com a kundalini, que não está em geral ativa nas pessoas comuns. Etericamente, este centro apresenta certa relação com o cérebro e a glândula pineal, pois está especialmente ligado ao chakra coronário, com conexões abertas em alguns estados de consciência. O chakra raiz, contudo, ajuda a vitalizar também todos os outros centros.

Durante as observações que fez das diferentes pessoas, DVK constatou graus diferentes de luminosidade nesse centro. Quando as energias do chakra fundamental são vitalizadas, sua cor torna-se uniformemente laranja-amarelada, e as três energias raquidianas, *ida, pingala* e *sushumna*, fluem do seu núcleo através de um fluxo ao mesmo tempo largo e brilhante. Esse fato indica um desenvolvimento espiritual de ordem elevada.

Não foram investigados históricos de doenças relacionados com este centro.

XII

Doenças Relacionadas com a Consciência e o Cérebro

Apresentamos nos capítulos precedentes dados referentes a observações clarividentes de alterações nos chakras e nas áreas correspondentes dos campos de energia. Neste capítulo, iremos nos concentrar no deslocamento e funcionamento inadequado da energia etérica no cérebro e nas deficiências clínicas resultantes.

Como DVK não tinha nenhum conhecimento de termos anatômicos, usamos uma réplica Vida e Forma do cérebro de autoria de Nasco, na qual ela podia indicar suas observações. Era uma cabeça humana dividida ao meio que incluía o pescoço, feita a partir de um cérebro humano seccionado e moldada e fundida em vinil. DVK recebeu uma breve demonstração dos percursos anatômicos, de modo a poder mencionar quaisquer mudanças que viesse a perceber tanto nos estados normais quanto nos anormais. Para que obtivesse um conhecimento mais tangível do cérebro, DVK foi levada ao departamento de neuroanatomia de uma escola de medicina onde lhe mostraram um cérebro humano inteiro e outro seccionado.

Muitas das observações de DVK dizem respeito ao cerebelo, uma parte do cérebro situada entre o tronco cerebral e a parte posterior do córtex cerebral (diagrama 1). Ele está envolvido especialmente com a coordenação de todos os músculos e com o equilíbrio do corpo. Com o objetivo de colocar as observações de DVK referentes ao cérebro e à coluna vertebral no contexto adequado, transcrevemos a seguinte descrição do livro *Anatomy* de Gray:

> Anatomicamente, o cerebelo consiste de uma estreita porção mediana denominada verme, situada entre dois hemisférios cerebelares que se projetam lateral e posteriormente, e localizada na parte dorsal da ponte de Varólio e do bulbo raquidiano. Ele parece servir de coordenador supra-segmentar das atividades musculares, especialmente daquelas das funções motoras que requerem movimentos seqüenciais, repetitivos ou complexos. Ele ajuda a regular a tonicidade muscular e a manter o equilíbrio adequado para que a pessoa possa ficar ereta, caminhar e correr.

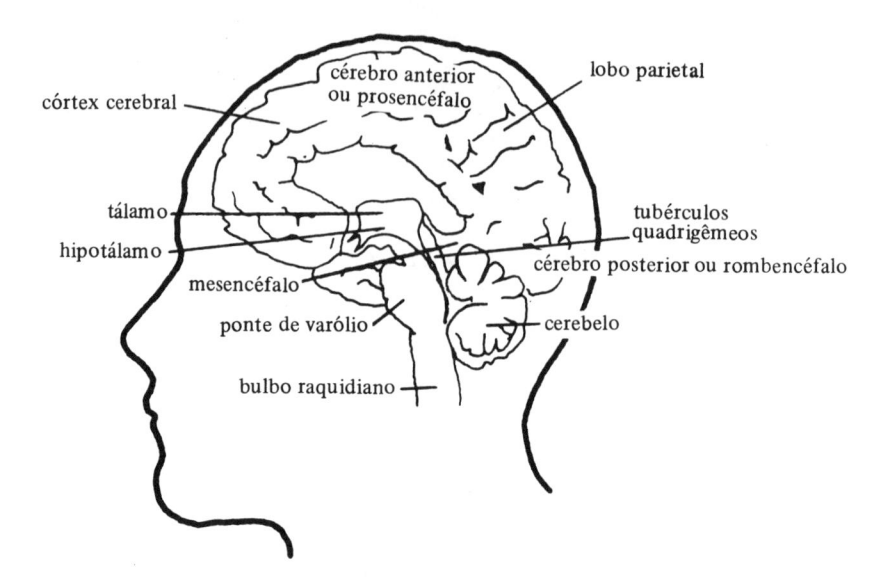

Diagrama 1. Corte transversal do cérebro dentro do crânio, mostrando a localização aproximada das diversas estruturas citadas no texto.

Segundo DVK, a energia etérica flui da base da coluna vertebral para o bulbo raquidiano, a parte do cérebro que se liga à coluna vertebral (vejam no diagrama), onde existe um pequeno vórtice de energia. Este centro, contudo, parece ser mais importante no nível astral do que no etérico. Tudo indica que o cerebelo etérico seja um órgão receptivo, sendo portanto capaz de absorver o excesso de energia do resto do cérebro. Ele parece atuar como uma espécie de esponja ou amortecedor para o excedente de energia etérica. Nas crianças, o cerebelo é percebido como sendo mais ativo no centro do que na periferia, ao passo que nos adultos ocorre exatamente o oposto. (Vale a pena observar que os tumores na parte central do cerebelo, conhecida como verme, ocorrem principalmente nas crianças.)

Existe uma ligação direta entre o cerebelo e o chakra coronário no nível etérico.

O tálamo (diagrama 1) parece ter uma carga etérica positiva, que é equilibrada pela carga negativa do cerebelo. A energia etérica do cérebro parece ser liberada e descarregada através da região do cérebro ligada ao tálamo. Isso pode conter uma sobrecarga de energia, com relação à qual o cerebelo, com sua carga negativa, age como neutralizador.

O cerebelo e o núcleo caudal (que é parte da base do ventrículo lateral, uma das cavidades consecutivas à coluna vertebral) formam um sistema. DVK teve a impressão de que os dois núcleos caudais e as duas partes do cerebelo atuam em conjunto, exercendo um efeito equilibrante e protetor. As diversas seções do cérebro se relacionam com o sistema nervoso através do fluido cefalorraquidiano ou líquor que é o agente sensível às descargas elétricas. Ele parece atuar como condutor de energia no cérebro e na coluna vertebral, podendo também exercer essa função no que diz respeito a níveis de energia mais elevados do que o físico.

O chakra coronário, bem como a glândula pineal, a ponte de Varólio e o mesencéfalo (diagrama 1) têm provavelmente uma ligação muito maior com a percepção consciente do que normalmente se acredita.

O fluxo de energia que sobe pelo *sushumna* ou canal etérico partindo do chakra raiz na direção do bulbo raquidiano (diagrama 1) pode exercer algum efeito sobre o fluido cefalorraquidiano e seu nível de energia. Na pessoa comum, esse fluxo é relativamente lento no *sushumna*, mas é rápido e poderoso num indivíduo espiritualmente desenvolvido. Quando kundalini, a energia situada na base da coluna vertebral, desperta, fluindo através desta para o bulbo raquidiano, não apenas o cérebro é afetado como também toda a energia do corpo.

Etericamente, o centro principal alta é uma pequena região em que o crânio e a coluna vertebral entram em contato. Quando plenamente desenvolvido, ele forma um centro de comunicação entre a energia vital da coluna vertebral e a dos chakras coronário e frontal.

A Dislexia

A palavra "dislexia" vem do grego. O termo é usado em psicologia para identificar os casos em que há uma séria dificuldade com relação à leitura de palavras ou números. É uma situação na qual uma pessoa com visão normal é incapaz de interpretar corretamente palavras escritas em decorrência de um distúrbio na percepção visual. Na maioria dos casos, o indivíduo confunde letras ou números: o *b* pode ser visto como *d*, ou o *p* como *q*, ou as letras também podem ser verticalmente invertidas, como no caso de *n* e *u*, ou *w* e *m*. Do mesmo modo, os números *6* e *9* ou *5* e *8* podem ser trocados. Os estímulos auditivos e táteis são freqüentemente normais desempenhando portanto um papel importante no treinamento do paciente para superar sua deficiência.

Pedimos a DVK que traçasse os percursos etéricos envolvidos com a visão, primeiro num cérebro normal e depois num com dislexia, na esperança de que o mecanismo da deficiência pudesse ser descoberto. Com a ajuda do modelo do cérebro (Vida/Forma), ela pôde indicar com maior precisão as áreas que percebia divergirem do normal.

DVK constatou, de um modo geral, que existe na dislexia um ligeiro desalojamento do campo etérico da substância cerebral em determinados segmentos dos percursos visuais. Ela teve a impressão de que estes últimos não tinham "sulcado" suficientemente a substância cerebral. É importante comentar que a dislexia é uma deficiência local.

Em 1973, DVK observou CT, uma mulher com três filhos e disléxica desde a infância. CT sentia um leve "bloqueio" quando lia as letras *b* e *d* e os números *5* e *8* ou *6* e *3*, além de também ter dificuldade em decorar números. Ela era incapaz de usar uma calculadora por causa da dificuldade que tinha de tocar nos números certos. Seu filho, JT, de quinze anos, apresentava um grau maior de dislexia. Muitos anos antes de estarmos com eles, tanto a mãe quanto o filho tinham recebido um treinamento para superar a deficiência visual através do sentido do tato.

Quando pedimos a DVK que observasse especificamente o cérebro dessas duas pessoas, ela descreveu as anomalias como um padrão flutuante — uma ligeira "defasagem de tempo" — entre os impulsos elétricos que partem dos tubérculos quadrigêmeos no mesencéfalo dirigindo-se ao lobo parietal, a região sensorial e motora do cérebro (diagrama 1). Essa anormalidade era mais acentuada no filho do que na mãe, embora DVK não soubesse que o caso de dislexia dele era mais grave. Quando CT ficava ansiosa, bloqueava o fluxo de energia etérica, tornando assim mais lento o mecanismo que DVK denominava "interpretação da visão".

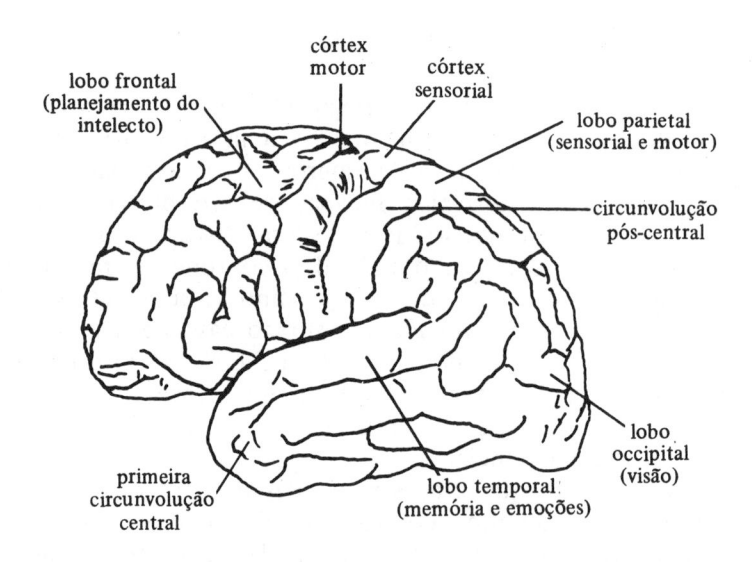

Diagrama 2. O hemisfério esquerdo do cérebro. Cada hemisfério está dividido em quatro lobos, o frontal, o parietal, o occipital, e o temporal. Os lobos têm funções especializadas.

Quando CT recebeu uma página para ler, DVK constatou uma redução do ritmo de atividade em ambos os lados dos lobos parietais, mas quando foi empregado o som, ocorreu um leve aumento da luminosidade em volta da região da primeira circunvolução temporal, local do cérebro onde são recebidas e interpretadas as impressões auditivas (diagrama 2). (Esta observação estava de acordo com os dados clínicos.)[1] Por causa dessa luminosidade, DVK chegou à conclusão de que o emprego de sons melodiosos poderia ajudá-la a superar a dificuldade da interpretação visual. Constatou-se que sua sensibilidade com relação ao som era mais intensa no lado esquerdo da região temporal do que no direito. Como a área auditiva do cérebro era mais desenvolvida do que a visual, a música exercia um claro efeito sobre suas emoções.

Quando foi passado diante dos olhos de CT um papel contendo números de um só algarismo, DVK verificou que a receptividade da região parietal direita não era tão boa quanto a da esquerda, embora o lado direito estivesse mais relacionado com números do que com letras. CT apresentava uma defasagem de tempo com relação à percepção visual de números, ligada à visão física do número e à sua lembrança.

Seu campo etérico geral era levemente frouxo e grosseiro. Quando ela reagia emocionalmente a determinada situação, tinha a tendência de se sentir aturdida e cansada, incapaz de pensar com clareza. Suas emoções a dominavam, devido às fortes ligações entre o campo etérico frouxo e o corpo astral, e essas fortes reações emocionais produziam, por sua vez, flutuações na sua força física.

O corpo astral se revelava volátil, sendo seu movimento ao mesmo tempo intenso e muito rápido. Havia ressentimento e insegurança, aliados a uma ansiedade já muito antiga, e ela não conseguia de modo algum se libertar desse padrão. A música, contudo, a ajudava a se libertar do domínio dessas emoções além de lhe proporcionar uma grande satisfação. Ela havia cantado anteriormente em público, mas quando lhe foi sugerido que recomeçasse, ela retrucou, "preciso de uma audiência".

Seu filho, JT, tinha a tendência de confundir a letra *b* com a *d* quando lia. Ele havia recebido algum treinamento para superar essa deficiência.

Com a ajuda do modelo do cérebro, DVK mostrou como percebia os impulsos visuais numa pessoa normal. No caso do indivíduo disléxico, o padrão cerebral etérico era ligeiramente mais lento, e em decorrência disso, os impulsos que partiam do nervo óptico para a região dos tubérculos quadrigêmeos eram levemente retardados enquanto se dirigiam à região parietal para serem visualmente interpretados (vejam diagrama 1). Havia uma demora mínima, e o lado esquerdo, quando comparado com o direito, apresentava assincronia.

DVK apontou para uma região no modelo do cérebro (Vida/Forma) situada dois centímetros acima da primeira circunvolução tem-

---

1. Os núcleos posteriores dos tubérculos quadrigêmeos estão de fato relacionados com os reflexos auditivos.

poral. Quando pedimos a JT que lesse, DVK observou seu padrão cerebral etérico e verificou que quando chegava às letras *b* e *d*, JT hesitava ligeiramente na leitura. Essa hesitação parecia estar relacionada com a região parietal, que reagia com maior lentidão, como se o curso dos impulsos nervosos fosse mais lento e mais amplo do que na pessoa comum. Foi também percebida uma defasagem de tempo no tubérculo mamilar no hipotálamo.

Quando letras como *p* e *q* eram escritas individualmente num pedaço de papel e passadas inesperadamente diante dos olhos de JT, DVK constatava que havia uma demora de alguns segundos, como se os impulsos visuais fossem ligeiramente desviados para uma outra seção do cérebro antes que ele pudesse focalizá-los e obter a interpretação correta. Entretanto, quando a experiência era repetida várias vezes e ele passava a ter consciência das letras que iriam lhe ser mostradas, a leitura apresentou uma melhora. Era como se a concentração da atenção corrigisse o desvio da energia etérica. Isso poderá explicar como e por que os estímulos tácteis e visuais empregados no treinamento da criança que sofre de dislexia podem ajudar a fazer com que os impulsos elétricos "sulquem" um padrão mais estável, e focalizem a área correta para a interpretação dos estímulos visuais. Quando as letras *k* ou *g* eram apresentadas visualmente a JT, o processo de transmissão dentro do cérebro parecia normal.

Em 1981, os Drs. Albert Galaburdo e Thomas Kemper da cidade de Boston chamaram a atenção para visíveis diferenças anatômicas entre o cérebro dos leitores disléxicos e o dos normais. Eles estudaram jovens que haviam morrido com vinte e poucos anos e encontraram uma disposição celular fora do comum, o que lhes sugeriu que as áreas de linguagem estavam perturbadas em ambos os lados do cérebro. Essa descoberta confirma as observações clarividentes de DVK.

O Autismo

Define-se o autismo como uma perturbação congênita do cérebro, particularmente no que diz respeito ao encadeamento de sons e de experiências. Um grave problema de linguagem é um dos sintomas-chave. É uma síndrome que surge na infância, com sintomas de introspecção, inacessibilidade, solidão, incapacidade de relacionamento com as outras pessoas, com brincadeiras altamente repetitivas e às vezes reações de raiva. A criança autista apresenta grotescos movimentos tanto dos braços quanto das pernas, tem dificuldade de falar e é incapaz de se comunicar de maneira adequada.

Essas crianças já foram às vezes mal compreendidas devido à falta de conhecimento médico do mecanismo e dos fatores causativos do distúrbio. Os pais, e especialmente as mães, foram considerados até certo ponto responsáveis pelo estado da criança, sendo-lhes impingido um sentimento de culpa. À medida que nosso conhecimento aumentar, iremos obter maior compreensão dessa grave anormalidade. Em 1972, depois de observar crianças que compareceram a um programa de televisão, SK ficou convencida de que o autismo é um distúrbio neurológico e não psicológico.

DVK foi levada à casa de uma criança autista e também a uma escola onde pôde observar o autismo, a síndrome de Down, além de outras anormalidades em crianças.

Em outubro de 1972 visitamos Billy, uma criança autista. Quando chegamos à sua casa, Billy, um belo rapaz de quatorze anos, surgiu na porta da frente assumindo uma posição estranha, com uma perna torcida e um braço dobrado formando um ângulo. Seus olhos eram vigilantes, frios e vidrados. Não se via em seu rosto o calor de qualquer expressão, nem houve tampouco alguma reação aos nossos esforços de entrar em contato com ele. O rapaz permaneceu por alguns momentos naquela posição estranha, entrando depois de repente em casa.

Durante o tempo que durou nossa visita, Billy vagou inquieto, entrando e saindo da sala; incapaz de se sentar numa só posição, ele se balançava para a frente e para trás saltando depois de repente e indo embora. Os movimentos do seu corpo se assemelhavam aos de um pássaro, e seus braços e pernas eram bastante desajeitados. Não havia paralisia ou fraqueza em qualquer parte do seu corpo, e sua coordenação física espontânea, como por exemplo na corrida, parecia boa.

Billy parecia ter dificuldade em coordenar os movimentos mais delicados da mão, que exigem destreza, mas era capaz de assinar o nome. Quando escutava música rock, ele respondia ao ritmo reagindo fisicamente de forma deturpada. Seu tom de voz era monótono e uniforme. Ele compreendia perguntas simples mas não conseguia entender ou responder a idéias abstratas. Costumava ver televisão, mas desligava o som. Conseguia se lembrar dos nomes dos atores de um programa de televisão que costumava ver, mas era incapaz de dizer qual o assunto tratado. Sua mãe era ao mesmo tempo gentil e firme com ele, e o rapaz sempre a obedecia.

DVK discerniu um distúrbio no cérebro etérico. O padrão etérico cerebral do lado esquerdo em volta da região da circunvolução pós-central era anormal (diagrama 2). DVK normalmente observa dois principais circuitos no cérebro que ela chama de *"loops"*: pequenos *loops* perto da superfície do cérebro (ou seja, a massa cinzenta), e *loops* maiores que ligam a superfície do cérebro (a massa cinzenta) às partes mais profundas (o mesencéfalo e outros núcleos). Numa pessoa normal, os dois circuitos parecem sincronizados, mas DVK verificou que numa criança autista não existe sincronização.

Nos circuitos menores vistos na superfície do cérebro, os impulsos elétricos da criança autista eram mais lentos, mais entorpecidos e menos vitais do que o normal. Os circuitos maiores (as ligações com os outros núcleos, o tálamo, o mesencéfalo, etc.) eram lentos e, por não estarem sincronizados com os circuitos menores, pareciam às vezes agir de forma independente. Isso causava os movimentos convulsivos. O distúrbio do lado direito do cérebro não era tão grande quanto o do esquerdo, que não funcionava adequadamente quando o rapaz tentava falar. Os impulsos elétricos que se deslocavam no interior no cérebro eram lentos. Ele conseguia visualizar e pensar de forma concreta a respeito de objetos como um gato ou uma cadeira, mas palavras que envolviam conceitos, como "escola", estavam além da sua compreensão.

Etericamente, a região no alto da cabeça possuía uma seção sombria semelhante a uma cavidade. Os impulsos nervosos estavam de um modo geral mais lentos, faltando-lhes ainda coordenação. Esse fato talvez explique a ausência de dedução lógica e da capacidade de compreender idéias abstratas e de formar um ponto de vista holístico. A falta de sincronização no interior dos circuitos internos do cérebro também poderia explicar a coordenação deficiente, tanto da fala quanto dos movimentos corporais. Seus joelhos se curvavam numa posição desajeitada, e ele caminhava às vezes quase de lado.

A forma do chakra coronário era anormal e sua periferia irregular, o que influenciava a saída da energia etérica para o cérebro físico.

O campo etérico, o astral e o mental estavam surpreendentemente desalinhados: não se combinavam corretamente, e o resultado era um claro entre eles. Isso não apenas causava uma disritmia entre os três campos como também sua disfunção. Por exemplo, quando surgia uma idéia na mente de Billy e ele começava a pensar nela, era capaz de completá-la, mas havia um lapso entre a coordenação da mente e a expressão física na fala. Isso resultava na dificuldade de sincronizar a idéia com sua expressão verbal. O efeito era que ele podia amar seu pai ou sua mãe em qualquer ocasião isolada, mas não conseguia pensar nos dois ao mesmo tempo.

O campo etérico não mostrava qualquer processo de doença, somente falta de coordenação. Os impulsos eram recebidos lentamente, de forma que havia um atraso no registro das impressões vindas do mundo exterior. Para superar isso, era preciso repetir as coisas para ele lentamente e com cuidado.

O corpo astral era menor do que o normal, subdesenvolvido e opaco, com apenas poucas cores, pálidas e desbotadas. Billy não sentia fortes emoções, mas quando isso acontecia, ele era afetado desfavoravelmente. Tinha a propensão de se enrijecer e bloquear tanto o corpo mental quanto o físico. Por exemplo, quando tinha uma explosão de raiva, ele se enrijecia de repente e ficava imóvel por um momento, e suas reações físicas ficavam mais lentas. Isso se devia em parte à disfunção e à falta de sincronização dos circuitos longos do cérebro. Numa pessoa normal, existe uma coordenação quase instantânea entre os corpos emocional e o etérico/físico, mas Billy era fisicamente incapaz de reagir com rapidez. Por causa desse fato, ele não era perigoso, mesmo quando esbravejava de raiva.

O corpo mental também era pequeno, pouco colorido, o que demonstrava que suas idéias eram limitadas e pouco desenvolvidas. Havia uma falta de sincronicidade entre os campos mental e astral devida à fraca ligação entre eles, à disritmia e à coordenação deficiente.

O chakra etérico frontal apresentava uma anormalidade e alguma perturbação no núcleo e na circulação de energia perto da pituitária, embora até certo ponto a glândula em si tivesse uma aparência normal.

A conclusão geral de DVK foi que o autismo parece ser um estado de mau funcionamento dos impulsos nervosos entre a massa cinzenta do cérebro e outros centros. O desvio do etérico com relação à substância cerebral é muito grave. Existe ao mesmo tempo uma falta de sincronização e de integração entre os níveis etérico, astral e mental, além de um lapso nas ligações no nível etérico.

A Síndrome de Down

A síndrome de Down é uma forma grave de deficiência ou retardamento mental que envolve um cromossoma a mais (o número 21). As crianças que sofrem desse mal possuem caracteristicamente a cabeça pequena, olhos oblíquos com uma dobra na pele no ângulo interno da pálpebra superior (epicanto — são, por esse motivo, amiúde chamadas de "mongolóides") e a língua rachada, em geral grande e alongada. Uma em cada oito crianças mentalmente retardadas apresentam a síndrome de Down, que pode ser descrita como uma doença delimitadora, de funcionamento lento, que tende a afetar ou limitar a maneira como os impulsos elétricos são sentidos no córtex cerebral.

O menino Michael, de seis anos, foi visto em outubro de 1972. Os distúrbios mais surpreendentes, no seu caso, foram encontrados nas regiões etéricas das glândulas pituitária, tireóide e timo, bem como no cerebelo. O lado esquerdo do cérebro tinha um mecanismo de curto-circuito que lidava com toda a periferia do cérebro. Havia uma redução regular da atividade, embora partes do cérebro recebessem jatos de energia que ocasionavam os movimentos físicos do menino. Os movimentos de Michael, ao contrário dos da criança autista que fica presa em determinadas posições corporais, eram compulsivos.

O equilíbrio hormonal da glândula pituitária era anômalo, de modo que ela não funcionava adequadamente. DVK declarou que a pituitária exerce um efeito sobre todo o corpo físico, inclusive as mãos e os pés. (Na acromegalia, uma doença da glândula pituitária, as mãos, os pés e a cabeça ficam fortemente aumentados.) Esta glândula afeta ainda a liberação de todos os hormônios para o corpo. (Isso também está clinicamente correto.)

A tireóide de Michael também funcionava de forma anormal, tanto sozinha quanto em conjunto com a pituitária, o que indicava um desequilíbrio entre as duas. Havia ainda um desequilíbrio entre a tireóide e o timo, sendo este último mais ativo do que na pessoa normal.

O cerebelo parecia inibir o sistema de energia, e por conseguinte o desenvolvimento mental normal não ocorria.

O chakra coronário etérico era menor do que a média, e seu núcleo também era pequeno, embora dentro dos limites normais. Seu ritmo era lento e a cor opaca, e apresentava ainda irregularidades nas pétalas.

O corpo etérico como um todo estava dentro da amplitude normal, possuindo porém uma textura mais frouxa do que o normal.

O corpo astral exibia menos cores do que a média, porém mais do que o das crianças autistas. Sua cor predominante era um rosa-avermelhado, o que indicava a existência de alguma afeição. A textura era expansível, mas as reações emocionais eram efêmeras, e a atenção durava pouco tempo.

Embora o corpo mental apresentasse algumas anormalidades, era de melhor qualidade do que o da criança autista. Não existiam inibições, e as ligações entre o campo mental, o etérico e o astral também eram melhores, embora também houvesse um pouco de frouxidão. Por causa disso, o potencial mental de uma criança que sofre da síndrome de Down oferece alguma possibilidade de desenvolvimento, uma vez que ela tenta manter contato com o mundo exterior, ao passo que no caso da criança autista a comunicação é extremamente difícil.

A Neurose Obsessivo-Compulsiva

A neurose obsessivo-compulsiva é uma síndrome psiquiátrica rara. Os pacientes são de um modo geral inteligentes e completamente conscientes do seu comportamento compulsivo, porém incapazes de romper o padrão. Esse processo pode tomar a forma de um constante lavar das mãos com medo de infecções, ou de determinados pensamentos compulsivos dos quais não conseguem se libertar. Essas ações e pensamentos compulsivos tornam impossível para os pacientes viver normalmente na sociedade.

Em 1977 DVK viu RS, que aos treze anos tinha tomado consciência de pensamentos repetitivos a respeito das palavras sagradas do Antigo Testamento. Seu comportamento tornou-se ritualístico, e ele era continuamente perseguido pelo desejo de manter limpos e arrumados não apenas os livros sagrados como também outras coisas. Além disso, ele começou a ouvir vozes. Aos quinze anos, passou a ouvir recomendações dentro da cabeça, insistindo que lavasse as mãos e limpasse os livros. Ele deu entrada num hospital de doentes mentais onde recebeu tratamento médico e psiquiátrico intensivo, que incluíam maciças doses de vitaminas, mas não houve uma melhora real dos seus sintomas, e ele teve alta do hospital.

Em 1977, quando RS foi visto, ele descreveu com bastante clareza seus processos mentais reconhecendo que não eram sensatos mas que estavam fora do seu controle. Ele percebera, contudo, que a música melodiosa parecia acalmar e diminuir seus pensamentos compulsivos. Não ocorreram alucinações auditivas na ocasião do exame.

DVK observou que o campo etérico geral era de tamanho normal, não sendo detectado nenhum distúrbio importante, a não ser uma levíssima flutuação no nível de energia. O ritmo, contudo, apresentava um desequilíbrio. O lado esquerdo do corpo etérico era menor e menos ativo do que o direito. Além disso, o etérico estava ligeiramente desligado do corpo físico, e a textura era de certo modo porosa. Havia uma irregularidade nos circuitos elétricos do cérebro perto da região do hipotálamo. Nesse local, a energia apresentava uma luminosidade flutuante empalidecendo nas proximidades do nervo óptico, como se o fluxo estivesse intermitente. A glândula tireóide parecia inativa, e sua energia etérica estava desequilibrada. RS estava sob o efeito de medicamentos, de modo que era impossível julgar se as drogas seriam ou não parcialmente responsáveis pelos distúrbios.

O ouvir vozes parecia se originar de perturbações no chakra umbilical, e não no laríngeo como é mais comum. O chakra umbilical era disrítmico e de um modo geral "fora de forma". O paciente se alterava emocionalmente com facilidade, e sua energia etérica enfraquecia durante as crises de ansiedade, com repercussões de ordem física.

A forma geral do corpo astral parecia dentro da amplitude normal, mas havia uma surpreendente anormalidade tanto no ápice da aura quanto na periferia, que dava a impressão de estar esfarrapada. A aura exibia ainda uma grande quantidade de cinza, raiado de vermelho, o que indicava contrariedade. Um amarelo-esverdeado um tanto pálido, que aparecia em borrões, demonstrava ciúme. Havia uma completa disritmia entre os dois lados da aura, o distúrbio maior ocorrendo do lado direito.

Como já foi mencionado, o ponto em que os campos de energia etérica e astral se encontram é a entrada para o mundo astral. Em RS, tanto o nível etérico quanto o astral do chakra umbilical apresentavam disritmia de um tipo que DVK chamava de "oscilante", e seu inter-relacionamento era anormal.

O corpo mental era moderadamente límpido, mostrando que os processos de pensamento estavam ativos, porém de forma mais lenta do que o normal. RS possuía a habilidade de coordenar os pensamentos, mas não de projetá-los. O corpo mental era menos disrítmico do que os campos astral e etérico; ele era capaz de produzir um pensamento, mas não de se identificar com ele. Acima de tudo, o mais importante é que seu pensamento não tinha qualquer efeito sobre suas emoções; é como se o pensamento e o sentimento estivessem em dois compartimentos separados. Ele conseguia pensar sem contudo pôr em prática seus pensamentos, pois o mecanismo de execução requer que o pensamento seja transmitido do nível mental para o etérico, através do astral. Seu bloqueio acontecia entre o mental e o astral. A negação do pensamento era responsável pela compulsão de RS. Uma vez que ele era egocêntrico, sua energia etérica era interceptada ao entrar, havendo pouco escoamento, o que reduzia a vitalidade do corpo etérico.

O tipo de disritmia da qual o paciente sofria, que abrangia os três níveis de energia — etérico, emocional e mental — era a mais intensa que DVK jamais havia presenciado. O relacionamento entre o astral e o mental era excepcionalmente fraco. Em determinado momento, por exemplo, ele era capaz de pensar sobre um problema e até de analisá-lo, mas no instante seguinte suas emoções "se agitavam" tirando seu equilíbrio. O mecanismo de encadeamento entre os corpos mental e astral não estava propriamente alinhado, não permitindo assim que os campos causal e mental controlassem o emocional.

Ele tinha um enorme receio de tomar decisões. Sempre que pensava em fazer alguma coisa, o aspecto negativo da idéia se manifestava, de modo que ele perdia a vontade de agir. Ele vivia cheio de medo, acompanhado de crises de ansiedade.

DVK sugeriu que seria bom para ele receber pequenas tarefas que fosse obrigado a concluir. Era preciso que ele fosse forçado a superar a incapacidade de tomar uma decisão. Ao mesmo tempo, ele deveria ser ajudado a extrair satisfação de pequenas realizações.

O que emergiu com mais clareza do histórico dessa doença foi o fato de os relacionamentos entre os diversos corpos ou campos serem extremamente importantes, pois são eles que criam a integração da personalidade tornando a ação possível.

Estados Maníaco-Depressivos

Vimos vários casos de pessoas maníaco-depressivas, dois dos quais são relativamente típicos.

VJ, de vinte e cinco anos, casada e com dois filhos, foi diagnosticada em 1979 como maníaco-depressiva com características de esquizofrenia. Ela tinha tentado o suicídio aos dezesseis anos e apresentava padrões anormais de comportamento; ela não foi hospitalizada, recebendo tratamento em casa. Em fevereiro de 1979 ela tentou o suicídio outra vez; em junho do mesmo ano, depois de incendiar sua casa, deu entrada num hospital de doentes mentais. Depois de alguns meses recuperou-se temporariamente, mas em 1980 conseguiu finalmente se suicidar depois de ingerir uma dosagem excessiva de drogas.

Ela foi vista por DVK em junho e novembro de 1979. Ela vinha sofrendo repetidos surtos nos quais escutava vozes e tinha visões. Houve perda de apetite e seu ritmo de sono estava perturbado.

DVK observou que a paciente sempre tinha tido um fluxo rápido de energia etérica durante toda a vida, com padrões em constante mudança. O núcleo do chakra umbilical etérico era disrítmico e desequilibrado com relação à sua contraparte astral, que era sua principal fonte de problemas. A paciente tinha uma sensação de poder oriunda do seu ativo plexo solar, sendo porém incapaz de manipular suas energias. Ela tinha um "gênio terrível" e um excesso de energia astral que explodia de muitas maneiras. Mais tarde, ela não conseguia se lembrar do que tinha feito.

Quando VJ começava a cantar, DVK verificou que a respiração continuada afetava o plexo solar. Ela parecia, entretanto, perder rapidamente o interesse, ficando frustrada, o que por sua vez abria o centro umbilical, que se tornava ao mesmo tempo mais carregado de força e mais disrítmado. Em resumo, os níveis astral e etérico do chakra umbilical não conseguiam manipular as energias que geravam.

O centro frontal etérico apresentava o mesmo tipo de disritmia do umbilical, com alguma frouxidão na periferia do chakra. O chakra coronário etérico exibia uma disritmia nas pétalas e frouxidão na periferia do centro.

DVK tentou ajudar a paciente a estabilizar o centro umbilical ensinando-lhe uma técnica de respiração profunda, que poderia ajudá-la a relaxar e corrigir as falhas no chakra do plexo solar. A paciente tinha um forte desejo de curar outras pessoas mas não de amá-las, e tinha um forte ressentimento com relação à vida. Lamentavelmente, ela se suicidou no ano seguinte.

Outro caso de um indivíduo maníaco-depressivo foi o de VT, aluno da Harvard University, cuja principal queixa era sua incapacidade de se dedicar ao seu trabalho. Essa situação já vinha ocorrendo há três anos.

A história da família do paciente revelou uma doença mental do lado materno, com sintomas do estado maníaco-depressivo. Um tio-avô pelo lado materno havia se suicidado. Do lado paterno, havia indícios de variações de humor aliadas a uma tendência com relação à mania de grandeza. Seu pai era um escritor rabugento, preocupado e incapaz de controlar suas emoções.

DVK observou-o em 1955, quando estava deprimido e com tendências suicidas. Ele era excessivamente sensível aos ruídos à sua volta. Seu campo etérico geral era de um azul turvo, com tonalidades variáveis. A luminosidade estava acima da média e o movimento era rítmico e também acima da média. O tamanho era normal, mas o campo de energia era mais largo do lado esquerdo do corpo e caído na região do plexo solar. A elasticidade era normal e a textura fina, mas havia pequenas falhas em todo o corpo etérico, o que indicava uma tendência a distúrbios psicossomáticos.

A Esquizofrenia

PCK era um paciente internado num hospital de doentes mentais, com um diagnóstico de esquizofrenia paranóica. Ele foi trazido até nós em 1960.

Quando DVK o observou, constatou que o chakra coronário etérico estava mais cinza nas pétalas do que no núcleo, o que indicava claramente uma disfunção. O grau de luminosidade era baixo e o movimento disrítmico e variável, tanto no núcleo quanto nas pétalas. A forma também se afastou da norma, pois a periferia das pétalas era denteada como uma serra. Até a borda do núcleo era irregular, mas o que era ainda mais estranho era uma rachadura que atravessava todo o chakra da frente até atrás no eixo seis horas/doze horas, causando uma grave disritmia.

Havia um leve vazamento de energia resultante da falta de uma delimitação nítida no núcleo do chakra. A textura do centro era ao mesmo tempo grosseira e frouxa, e ele possuía pouca elasticidade. A cor cinza era responsável pela anormalidade; "nuvens" cinzentas no núcleo do chakra tendiam a mantê-lo afastado nos níveis superiores do eu. Por causa disso, suas emoções costumavam assumir o controle, e PCK não tinha autocontrole.

O tálamo estava marcado por impulsos irregulares de energia etérica que tinham o efeito de retardar o ritmo, e a glândula pineal não estava funcionando normalmente.

Ambos os componentes do chakra frontal etérico também estavam tingidos de cinza, o que indicava uma disfunção. Havia cinza e vermelho no núcleo, e cinza, vermelho e verde nas pétalas. Seu tamanho estava dentro da média, mas a luminosidade era opaca e a velocidade do movimento era ao mesmo tempo variável e disritmada. A forma não era normal, pois a periferia era desigual, e o chakra estava "listrado" de maneira peculiar, com algumas listras normais se interpondo entre as anormais. O núcleo estava rachado no centro como o chakra coronário, apresentando uma periferia desigual. A elasticidade era deficiente, e a textura do núcleo e das pétalas ao mesmo tempo grosseira e frouxa. O funcionamento desse chakra não era normal, como o indicava a cor cinza, e o movimento irregular afetava a percepção e a visualização. A glândula pituitária estava dentro dos limites normais.

No chakra laríngeo etérico, as pétalas eram azuis e cinzas, e o núcleo de um azul bem escuro, quase preto. Isso indica que PCK estava mantendo afastado seu eu superior. A luminosidade era opaca, e o movimento do núcleo e das pétalas disritmado, com uma velocidade que variava de lenta a média. Seu tamanho estava dentro da normalidade, mas as pétalas estavam ligeiramente caídas, apresentando um vazamento de energia num ponto próximo à região das seis horas. A elasticidade era fraca, a textura grosseira e frouxa, e o funcionamento da tireóide era variável.

O chakra umbilical etérico era embotado e anormal, e suas pétalas amarelas, cinzas e vermelhas. Nesse caso, o vermelho indicava a raiva que assumia o comando, controlando o comportamento. Nesses momentos, a sede fundamental da consciência se transferia do chakra coronário para o do plexo solar.

DVK concluiu observando que a mais surpreendente característica deste caso era a rachadura presente em todos os chakras. Além disso, o relacionamento entre o etérico e o astral, onde a predominância de cinza indicava depressão, não era comum.

A catalogação efetuada na ocasião da entrevista, na qual se fundamenta o relato anterior, poderá ser encontrada na seção do apêndice sobre a consciência e o cérebro.

Uma nota final: o fato de atribuirmos os casos a um chakra ou aspecto particular do campo etérico poderá por vezes parecer arbitrário ao leitor. Isso se aplica especialmente aos casos relacionados com o chakra coronário e àqueles ligados à consciência e ao cérebro. Pode-se perceber uma boa dose de sobreposição. O leitor irá observar que atribuímos casos de epilepsia à seção sobre o chakra coronário no Capítulo XI (embora o cérebro também esteja obviamente envolvido); isso se deve ao fato de as mudanças etéricas no chakra coronário serem altamente conspícuas nessa doença. Entretanto, devemos mais uma vez enfatizar que não existe uma separação entre o sistema de chakras e as contrapartes etéricas do cérebro e dos órgãos; todos funcionam juntos como um todo. As classificações que realizamos visavam primordialmente a clareza.

XIII

Os Efeitos das Drogas e
Outros Modificadores dos Campos

A partir da descrição do campo etérico apresentada no Capítulo IV, deve ficar claro que esse campo é material num sentido bastante diferente tanto do astral quanto do mental, uma vez que é inseparável do corpo físico, perecendo com ele na ocasião da morte.

Os clarividentes têm repetidamente afirmado que segundo sua experiência os fatores físicos não modificam o campo etérico. Entretanto, eles também declaram que os líquidos, os gases, bem como os sólidos possuem contrapartes etéricas. Na verdade, diz-se que o campo etérico está subdividido em várias categorias, a mais densa estando associada aos sólidos físicos, ao passo que as mais rarefeitas são não-físicas. Alguns observadores até chegaram à conclusão de que o elétron é um dos aspectos do etérico.

Se qualquer uma das afirmações acima for verdadeira, têm de existir fatores físicos que possam modificar o campo etérico. Um dos nossos primeiros experimentos está relacionado com essa questão. DVK foi levada ao Presbyterian Medical Center na cidade de Nova York para que observasse soluções de iodo tanto normais quanto radioativas. Ambas são tão transparentes quanto a água, e DVK não sabia qual o tubo que continha a solução radioativa. Contudo, quando ela os observou de modo clarividente, percebeu de imediato que o tubo radioativo tinha uma luminosidade etérica mais intensa do que a solução normal de iodo.

Foi solicitado então ao técnico que colocasse o tubo de teste com iodo radioativo no reservatório de chumbo, que é um recipiente que impede que a radioatividade escape para a atmosfera. Depois de alguns minutos, DVK informou que a luminosidade no interior do reservatório de chumbo havia aumentado. No primeiro instante, esse efeito pareceu incoerente, uma vez que o recipiente de chumbo deveria impedir a radioatividade de escapar. Por conseguinte, como podia DVK dizer que ela tinha aumentado? Contudo, pensando bem, essa observação fazia muito sentido. Para a visão etérica de DVK, o recipiente de chumbo não representava de modo algum um impedimento; ela via através dele. Uma vez que o iodo radioativo restringido pelo reservatório de chumbo não podia escapar como o faria em condições normais, sua luminosidade etérica se acentuava.

Foram feitas tentativas de empregar outros métodos experimentais visando descobrir que substâncias ou soluções podiam modificar o campo etérico, se é que existiam. Os seguintes exemplos poderão parecer muito simples à primeira vista, porém nos ajudam a compreender não apenas o potencial como também os limites da visão etérica.

Foram colocadas duas xícaras de água, uma fria e a outra quente, a sessenta centímetros de DVK numa sala escura, e pediram-lhe que as descrevesse etericamente. Ela declarou que uma das xícaras mostrava um pequeno aumento de energia etérica na superfície, e ela assumiu portanto que era a que continha água quente. Ela estava certa.

DVK observou que tecidos sintéticos, como o nylon e o dracon, impedem parcialmente a liberdade do fluxo etérico, e é por isso que algumas pessoas talvez não gostem de usá-lo. Ela constatou que ocorria exatamente o oposto com relação ao algodão, à lã e à seda.

Som, Luz e Magnetismo

Algumas pessoas são sensíveis a freqüências de som muito baixas ou muito elevadas. Analogamente, certos sons podem nos tornar irritadiços e inquietos, ao passo que outros nos acalmam e equilibram. A batida do rock afeta as pessoas em partes diferentes do corpo, podendo ser física ou sexualmente estimulante. Alguns indivíduos afirmam sentir as vibrações musicais em todo o corpo; já outros as sentem nos braços, nas pernas, nas costas ou na cabeça. É um fato médico bastante conhecido que uma pessoa que escute música muito alta por um certo período de tempo pode prejudicar a audição para determinadas freqüências, o que acarreta uma surdez parcial. Por outro lado, a música clássica ou sacra pode estimular o chakra do coração e/ou o coronário.

Existem certas freqüências sonoras que estão sendo empregadas hoje em dia tanto no diagnóstico clínico quanto nas técnicas terapêuticas. Com o ultra-som, podemos cortar, estilhaçar uma pedra nos rins, fundir uma catarata, fotografar o amadurecimento de um óvulo ou os depósitos de cálcio numa artéria. Quando adequadamente compreendido, o som será sem dúvida empregado na cura e na restauração dos tecidos. Mas para que isso aconteça, precisamos conhecer melhor os efeitos do som nos sistemas biológicos.

A luz do sol em pequenas quantidades é extremamente benéfica, causando o aumento da vitalidade etérica, porém uma exposição prolongada ao sol tende a exauri-la. As luzes coloridas têm efeitos variados. A luz amarela e dourada vitalizam; a azul é calmante nos casos de infecção, reduzindo a dor e baixando a pressão sangüínea;

a verde tem um efeito harmonizador no campo etérico. DVK verificou que quando se iluminava com luz amarela um cachorro em estado de choque, o campo etérico do animal era vitalizado.

Com relação a esse processo, é importante observar que existe alguma diferença nos efeitos produzidos pelo uso físico da luz colorida e a visualização mental dessa mesma cor, embora a visualização da luz azul seja eficaz no alívio da dor. A forma na qual a luz é usada ou visualizada – um círculo, uma cruz ou um triângulo – também pode produzir efeitos diferentes. É preciso realizar mais pesquisas nessa área. As luzes fluorescentes produzem sensações desagradáveis em alguns sensitivos. Por exemplo, FF, uma curadora, não conseguia suportar a luz fluorescente sobre suas mãos.

Há mais de 130 anos, Reichenbach registrou os efeitos que os campos magnéticos exerciam sobre alguns sensitivos. Ele descobriu que aqueles que conseguiam sentir a presença de um ímã de alguma potência, quando este era deslocado para baixo e para cima ao longo da coluna vertebral sem tocar a pele, também eram sensíveis às variações atmosféricas e às tempestades magnéticas. Alguns desses sensitivos só conseguiam dormir bem na posição norte/sul. Lamentavelmente, não conseguimos testar a percepção da influência dos campos magnéticos de DVK em nenhum paciente.

Fatores Geológicos

Alguns indivíduos afirmaram sofrer uma perda de vitalidade quando visitaram determinados lugares, seja na cidade ou no campo. Eles têm em geral o ímpeto de abandonar rapidamente o local, sentindo-se revitalizados depois de fazê-lo. Duas pessoas conhecidas como sensitivas sentiam-se muito estranhas ao visitarem os chamados locais magnéticos; ficavam levemente nauseadas e incapazes de dirigir por muitas horas. EP era uma sensitiva que empregava as respostas do seu corpo na pesquisa rabdomântica, não apenas de água mas também de minerais e achados arqueológicos. Outra pessoa, um geólogo especialista em petróleo, declarou saber onde o mineral seria encontrado porque sentia certas sensações específicas nos pés quando pisava o solo em cima do local onde estava o petróleo.

Também é preciso mencionar o intercâmbio de energia humana. Já foi esclarecido que algumas pessoas com quem entramos em contado podem modificar nossos campos de energia, seja intensificando ou exaurindo nossa vitalidade. Isso também se aplica aos níveis astral e mental, uma vez que algumas pessoas são capazes de elevar nossas emoções e estimular nossas mentes, ao passo que outras nos enfraquecem e nos esgotam. Essa capacidade será analisada mais detalhadamente no capítulo sobre a cura.

Os Analgésicos

Pedimos a DVK que observasse durante um dia inteiro as mudanças ocorridas numa pessoa antes e depois de tomar o analgésico Bufferin. O paciente torcera o quadril direito ao entrar no táxi num dia de tráfego intenso, passando a sentir uma dor que já durava há vários meses. Quando se sentava ou caminhava, ele sentia dor e um retesamento que começava no lado direito do sacro ou das vértebras da bacia, continuava pelo mesmo lado até a parte de trás da coxa e terminava na batata da perna; não sentia porém qualquer dor ao se deitar estirado.

DVK constatou o surgimento de uma sensação de pressão ao longo dos nervos sacroilíacos, que estavam um tanto ou quanto irritados, o que causava uma inchação. Esta última exercia pressão sobre os nervos, dando origem à dor quando o homem andava ou se curvava. DVK informou que as articulações eram normais, o que foi mais tarde confirmado nas radiografias. Na sua opinião, o principal problema estava nos tendões e músculos, que tinham sido esticados demais, como uma tira elástica. Jatos de um fluxo intermitente de energia indicavam uma leve irritação local. A circulação etérica parecia reduzida no meio da coxa, situação ainda mais acentuada no meio da batata da perna. A cada poucos minutos ocorria uma interrupção no fluxo de energia etérica do quadril para a parte posterior do tornozelo, havendo assim muito pouca energia para nutrir os músculos.

Quinze minutos depois de o paciente ingerir dois comprimidos de Bufferin, DVK observou uma mudança no padrão etérico de energia na região do cérebro situada ligeiramente acima da glândula pituitária, o que afetava o padrão elétrico. Havia também um aumento na luminosidade da energia. O Bufferin parecia ter alterado o ritmo dos estímulos que entravam e saíam. Uma mudança nos circuitos alterava os estímulos oriundos de diferentes regiões do corpo. À medida que a energia descia pelo membro direito, os impulsos pareciam diminuir de velocidade sendo possível observar alguma opacidade. O mal não tinha sido curado, mas as regiões irritadas aparentavam estar mais relaxadas. O cérebro parecia bastante ativo, mas o Bufferin reduziu sensivelmente a energia em parte do cérebro etérico, o que ajudou a relaxar os músculos. O fluxo sangüíneo ficou normal, e o ritmo regular.

Em meia hora a melhora tornou-se ainda maior. A energia etérica já estava fluindo livre e suave, sem qualquer impedimento. Os dois pontos que estavam levemente irritados apresentavam agora uma nítida melhora.

Seis horas mais tarde, houve uma mudança no padrão de energia etérica no cérebro. Impulsos irregulares e convulsivos passaram a ser enviados da região sacroilíaca para o cérebro. O cérebro etérico, por sua vez, tendia a devolver mais energia para a região dolorida.

As observações de DVK quanto ao efeito do Bufferin nos músculos doloridos estava correta no sentido de que o paciente sentiu um alívio da dor que coincidiu com mudanças no padrão de energia etérica. A dor voltou depois de seis horas. É altamente provável que a área próxima à glândula pituitária a que DVK se referiu seja o hipotálamo, e foi aí que as mudanças ajudaram a aumentar o fluxo de sangue para os músculos que tinham falta de energia etérica, relaxando-os e desse modo aliviando a dor.

O Thorazine

O Thorazine (cloreto de cloropromazina) é uma substância que age como calmante do sistema nervoso central, sendo empregado como sedativo e antiemético. Ele também tranqüiliza os pacientes psicóticos gravemente perturbados.

Observamos em 1979, VJ, uma mulher de vinte e cinco anos, casada e com dois filhos, logo após uma tentativa de suicídio. Ela foi diagnosticada como maníaco-depressiva com alucinações visuais e auditivas. (O Capítulo XII contém uma descrição mais detalhada do histórico da doença de VJ.) Depois de outra tentativa de suicídio na qual ela tentou incendiar sua casa com a família presente, nós a observamos uma segunda vez. VJ foi internada num hospital de doentes mentais lá permanecendo por vários meses, quando recebeu alta com a recomendação de que tomasse 400 miligramas diárias de Thorazine. Esse procedimento pareceu diminuir suas alucinações.

Nossa indagação era: Como o Thorazine atua, e qual é o mecanismo que inibe as alucinações dos doentes mentais?

A paciente foi observada durante algum tempo antes de tomar o medicamento. DVK verificou que todas as cores do corpo astral estavam perturbadas e que seu plexo solar estava frouxo e aberto, fazendo com que ela interagisse excessivamente com as outras pessoas. O chakra estava instável, movia-se rápido demais, apresentava disritmia e exibia uma coloração avermelhada. O campo astral demonstrava que o sistema de rejeição estava prejudicado. O corpo astral apresentava-se instável, com o movimento ocorrendo da esquerda para a direita, o que indica um medo sufocado. As cores eram escuras e turvas, e estavam em constante mudança. Às 16 hs a paciente tomou 400 miligramas de Thorazine sendo observada vinte minutos depois por DVK. Como esse medicamento é um composto químico, possui sua contraparte etérica, como tudo o mais na natureza. O Thorazine etérico parecia não apenas afetar o cérebro, como também moderar a atividade dos chakras frontal e laríngeo. Isso por sua vez dava a impressão de influir sobre o nervo óptico, a região do hipotálamo e a glândula pituitária, embotando o mecanismo da percepção visual e auditiva. À medida que isso ocorria, a paciente começou a apresentar uma melhora, embora ainda estivesse abalada pela lembrança da sua tentativa de incendiar a casa e da sua posterior permanência no hospital para doentes mentais.

Passada meia hora, o Thorazine afetou todos os seus veículos, especialmente o corpo astral. Os chakras laríngeo e frontal ficaram mais cinzentos, indicando uma moderação de atividade. Analogamente, a glândula pineal e a região do hipotálamo tiveram sua função e atividade reduzidas, o que era demonstrado pela cor cinza dessas áreas. O chakra umbilical também foi afetado.

Em resumo, a ação do Thorazine parecia diminuir a luminosidade do corpo etérico e deprimir e fechar tanto o veículo astral quanto o mental. Esse fato talvez explique como o Thorazine ajuda as pessoas mentalmente perturbadas obstruindo e obscurecendo seus campos etérico e astral, reduzindo assim as alucinações visuais e auditivas. À medida que prosseguiram as observações de DVK, o efeito do Thorazine espalhou-se por todos os três veículos — o mental, o astral e o etérico.

A Toxicomania

É bem provável que o maior problema social que enfrentamos nos dias de hoje seja o uso difundido de narcóticos e de outras drogas que levam ao vício. Embora os dados que tenhamos para oferecer sejam vagos, insuficientes e incompletos em virtude das difíceis circunstâncias em que tivemos de trabalhar, nós os apresentamos na esperança de que possam estimular outras pessoas a se dedicarem a pesquisas mais amplas nessa área crítica. Infelizmente não conseguimos observar indivíduos num estado agudo de intoxicação por drogas, e nem tampouco pudemos observar a síndrome de privação da droga.

Em maio de 1970, fizemos várias visitas a um ambulatório que os criminosos viciados, em liberdade condicional, eram obrigados por lei a freqüentar. Durante essas visitas, verificamos suas reações pupilares, sinais de picadas de agulha e exames de urina. Pudemos sentar entre os viciados; e DVK escolheu ao acaso aqueles que iriam ser observados.

O primeiro caso foi o de um homem branco de trinta anos de idade. As características mais impressionantes observadas por DVK foram os chakras umbilical, laríngeo e frontal. O centro umbilical era o mais perturbado, fato indicado pela presença de uma quantidade considerável de cinza e vermelho, tanto no núcleo quanto nas pétalas. Havia um fluxo errático de energia em volta do núcleo, com algumas interrupções no seu padrão à medida que a energia entrava e saía do chakra. Havia além disso um vazamento de energia etérica. A elasticidade estava deficiente, e as pétalas se apresentavam ao mesmo tempo frouxas e grosseiras.

Quanto ao chakra laríngeo, seu núcleo estava tenso e disrítmico mas sua periferia frouxa e flácida, enquanto que o contorno das pétalas estava ao mesmo tempo frouxa e era grosseira.

O chakra frontal etérico indicava que a glândula pituitária funcionava de forma anormal, pois estava emitindo uma corrente de energia de um modo fora do comum, parecendo mais ativa do que o restante do campo etérico. Isso levantou a questão de se o estado de euforia decorrente das drogas seria acompanhado ou não de alucinações ou de "visões". Qualquer coisa que ele percebesse como sensações visuais seria distorcida, não sendo necessariamente porém vista como uma imagem.

O chakra coronário etérico era pequeno e lento.

Por causa do estresse, o paciente usara uma grande quantidade de energia etérica, de modo que na ocasião em que foram realizadas as observações, tanto o fígado quanto as glândulas supra-renais pareciam estar funcionando precariamente.

O corpo astral exibia uma grande quantidade de tensão e perturbação emocional, tendendo a fazer qualquer coisa que lhe ocorresse desde que não envolvesse muito esforço. O grau de inteligência era baixo.

No caso do segundo paciente, um homem de quarenta anos, o chakra umbilical estava muito perturbado, e seu vórtex era mais vermelho e se movia com maior rapidez do que o do primeiro paciente. O centro estava disrítmado, e o fluxo etérico era irregular. Por outro lado, as glândulas supra-renais estavam mais ativas do que as do primeiro caso, alcançando mesmo um estado de agitação. Por causa disso, DVK supôs que este paciente fosse viciado há menos tempo do que o primeiro.

O núcleo do chakra laríngeo etérico estava mais tenso do que o do primeiro paciente, mas as pétalas estavam mais frouxas. O chakra coronário também era pequeno e lento. Este paciente era mais perigoso porque sua individualidade era fraca, sendo portanto facilmente influenciável. Ele era muito inquieto, emocionalmente perturbado e tinha pouco autocontrole.

O terceiro paciente era um homem preto de trinta anos. No seu caso, o chakra umbilical etérico era mais elástico e as pétalas frouxas e disrítmicas; estas últimas deixavam ainda escapar periodicamente energia etérica. O paciente demonstrava a tendência de passar da extrema depressão para a euforia, flutuações indicadas por alterações no plexo solar. O núcleo do chakra laríngeo etérico era disrítmico e frouxo na periferia, o que afetava os níveis de energia tanto nas glândulas supra-renais quanto na pituitária. As supra-renais indicavam que o paciente estivera sob estresse durante muito tempo, não sendo portanto tão ativas quanto o normal. O chakra coronário etérico também era muito pequeno e lento. O funcionamento da glândula pituitária não era normal, o que fazia com que suas percepções fossem distorcidas.

O quarto paciente era um jovem mexicano. Neste caso, o chakra umbilical era disrítmico tanto no núcleo quanto nas pétalas, porém num menor grau do que os outros pacientes. A cor, contudo, era de um vermelho bastante desagradável, e as pétalas apresentavam lampejos do mesmo tom. As glândulas supra-renais estavam parcialmente superestimuladas, e a tireóide exibia indícios de algum distúrbio. O chakra frontal etérico parecia mais rápido do que o normal, mas estava começando a reduzir a atividade. Ele não parecia tão excitado ou perturbado quanto alguns dos outros pacientes. Nós não sabíamos, contudo, há quanto tempo ele era viciado, e nem quando parara de usar drogas.

Na toxicomania, é tão importante tratar do desequilíbrio do corpo astral, ou seja, das emoções, quanto do etérico. Viciados que ficaram curados nos encontros de Kathryn Kuhlman receberam um tremendo impacto astral, o que ajudou a alterar a direção das suas emoções. Ao mesmo tempo, a cura estava ocorrendo no nível etérico, e a aplicação simultânea das energias etéricas e astrais parecia acelerar o mecanismo de recuperação da saúde. Este último estava ausente nos viciados observados no ambulatório acima mencionado.

Em resumo, a descoberta mais importante nesses casos de toxicomania foi a disritmia tanto no núcleo quanto nas pétalas do chakra umbilical etérico, e que afetava todo o corpo etérico. O tom de vermelho, visto sob a forma de lampejos cinza e vermelho ou laranja e vermelho, diferiam daqueles observados nos pacientes que sofrem de câncer, como é descrito no apêndice, nos quais o vermelho é mais escarlate. Havia, além disso, uma nítida diminuição da luminosidade do chakra umbilical etérico, e seu vazamento fazia com que os pacientes se sentissem permanentemente fatigados. Em todos os casos, o funcionamento das glândulas supra-renais foi reduzido.

No nível astral, o chakra umbilical estava fortemente perturbado nos viciados, com um padrão emocional errático e uma falta de energia periódica. Havia, além disso, uma perturbação nos relacionamentos entre a tireóide, as glândulas supra-renais, a pituitária e a região do hipotálamo. Esta última tendia a produzir um tipo de alucinação, além de uma perda do senso de proporção. A disritmia pode ser temporária, e poderá desaparecer se o paciente vier a se libertar do vício.

Embora esses dados necessitem de posterior confirmação, tudo indica que os efeitos de narcóticos como a morfina e a heroína comecem no nível etérico alcançando então o físico. É evidente que os narcóticos são medicinalmente úteis e necessários, mas mesmo com o uso limitado, a ponte entre o sistema nervoso e os nadis ou canais etéricos se enfraquece. O uso continuado de narcóticos afeta os chakras, e é nessa ocasião que o vício começa. A direção do movimento no interior dos chakras é invertido pela droga, sendo esta a causa do vício. Esta mudança fisiológica nos chakras, por sua vez, produz um estado de medo e ansiedade no paciente.

XIV

Os Efeitos da Excisão Cirúrgica

Neste momento em que as técnicas de transplante de órgãos tornaram-se extremamente difundidas no tratamento dos distúrbios do coração, dos rins e até mesmo dos pulmões e do fígado, as observações que fizemos sobre os efeitos da cirurgia no campo etérico e nos chakras devem apresentar um interesse especial. Os pacientes que se submetem a esse tipo de cirurgia são forçados a tomar medicamentos para impedir a rejeição do órgão transplantado pelo corpo, que o encara como um corpo estranho e procura destruí-lo. Nossa pesquisa poderá oferecer uma pista para um dos muitos fatores que determinam a síndrome da rejeição.

Num caso de transplante de rim, verificou-se que a textura etérica do novo rim não combinava em qualidade com o campo etérico da pessoa que o recebera. Surge então a pergunta: a aceitação ou rejeição dos órgãos transplantados depende até certo ponto da qualidade do campo etérico tanto do paciente quanto do órgão transplantado? Poderia um clarividente como DVK perceber com antecedência se iria haver rejeição e por que, e como funciona o mecanismo da rejeição? Eis um interessante tema para pesquisa.

Em 1984, levamos DVK à presença do paciente MB, de vinte e sete anos, que recebera um transplante de rim em dezembro de 1978, e estava hospitalizado para um *check-up*. O principal objetivo era não apenas observar as características etéricas como também comparar a qualidade do rim transplantado com o campo etérico geral do paciente.

DVK descreveu o etérico do rim transplantado como possuindo uma textura mais grosseira do que o restante do corpo etérico da pessoa que o recebeu. Ela comentou: "É estranho observar diferentes qualidades de substância etérica na mesma pessoa. Existe algo muito esquisito com relação à energia do rim, pois ela parece flutuar."

Sua cor era mais escura do que a do resto do corpo etérico do paciente; as duas cores não se misturavam bem, e por conseguinte o rim não estava funcionando perfeitamente. DVK também o percebeu como estando na frente do abdômen em vez de atrás, como é o normal. (Esta observação estava correta.) O campo etérico geral era rarefeito e parecia fragmentado na região em volta do rim, e além disso o paciente possuía um nível de energia bastante baixo.

Uma outra observação de DVK é bastante pertinente aqui. Ela descobriu que mesmo depois de uma glândula enferma ser removida por meio de uma cirurgia, o chakra relacionado com essa glândula permanece visivelmente anormal. Este fato pode oferecer uma pista para o motivo pelo qual uma doença pode ressurgir, mesmo depois da excisão da glândula que a causou. Tudo indica que somente quando o padrão do chakra etérico retorna à normalidade é que o ressurgimento dos sintomas pode ser totalmente controlado.

DVK também constatou que a doença física poder ter origem numa dimensão diferente da etérica, como a astral ou a mental. Como já foi sugerido anteriormente, a medicina psicossomática poderá com o tempo vir a abarcar essas dimensões, levando em conta a harmonia entre os centros e seus respectivos campos de energia. Além disso, repetindo outro comentário, ainda não conhecemos os fatores que determinam qual o órgão físico que será alvo da doença associada a um chakra anômalo. (Ver Capítulo XI.)

A expressão "medicina holística" é empregada hoje de diversas maneiras, mas em geral refere-se ao conceito da pessoa global, incluindo o corpo, a mente e as emoções — e por vezes o eu ou espírito. Os profissionais dessa área enfatizam basicamente várias modalidades físicas que não as drogas, como a homeopatia, a acupuntura e a terapia corporal, além da visualização e outras técnicas mentais. Todas essas práticas se fundamentam no conceito de que a doença representa uma interferência na unidade básica do ser humano, e que a cura é alcançada através da restauração dessa unidade. A doença é portanto um estado de dissonância dentro dos três campos da personalidade, não descrevendo a condição do eu essencial ou alma, que não é alterada pelas perturbações do corpo, das emoções e da mente.

A medicina holística deveria, no seu sentido verdadeiro, reportar-se à eliminação das causas da dissonância para promover o processo de cura e restabelecer o funcionamento normal do organismo. Em outras palavras, o objetivo da intervenção médica é remover os obstáculos à autocura.

Membros Fantasmas

A rápida evolução das técnicas de substituição de órgãos levanta questões diretamente relacionadas com o efeito da remoção de partes do corpo físico sobre o campo etérico. Abordamos esse problema fazendo com que DVK observasse um caso daquilo que é conhecido como "membros fantasmas", uma ocorrência comum nas pessoas que tiveram parte de uma perna ou de um braço amputada.

Os membros fantasmas são realmente fantasmas, ou existe alguma evidência de que sejam "reais"? O paciente sente que o membro amputado ainda está no lugar, o que amiúde causa fortes dores, espasmos, coceira, sensação de ardor ou uma postura grotesca ou fora do comum. Durante um certo período de tempo, o membro fantasma parece se deslocar para cima na direção do coto; esse fenômeno é chamado de *telescoping* [encaixamento].

O Dr. Wilder Penfield do Montreal Neurological Institute descobriu que, durante a determinação dos pontos no córtex cerebral dos pacientes conscientes durante a cirurgia, as mãos e os pés estão representados numa área maior do cérebro do que o tronco. Os seres humanos estão muito mais conscientes dos dedos das mãos e dos pés, do que dos braços e das pernas. Isso pode ter alguma relação com o fato de a dor no membro fantasma não ser ilusória; este é um grave problema das baixas de guerra e dos acidentes, especialmente entre as pessoas jovens e saudáveis, pois seus efeitos podem durar por toda a vida.

Nossa investigação teve diversos objetivos. Um deles era observar etericamente um membro fantasma, e tentar descobrir porque a dor, os espasmos e a coceira desse membro podem ser aliviados se esfregarmos o membro normal e saudável. No caso dos pacientes que sofrem de doenças crônicas como problemas vasculares ou diabete, os membros fantasmas não apenas ocorrem com menos freqüência depois da amputação como também duram menos tempo. O que determina a diferença entre o paciente saudável e o que sofre da doença crônica nesses casos? Também pedimos a DVK que observasse as características dos membros fantasmas, e como ou por que o massagear do membro normal aliviava a dor do fantasma.

GF, um jovem soldado, pisou numa mina no Vietnã em 1968. A sola do pé esquerdo foi atingida, e o pé amputado logo acima do tornozelo em abril de 1968. O coto estava em bom estado, e a prótese foi confeccionada para formar o apoio do pé. O paciente pôde então usar o pé esquerdo de maneira adequada, mas foi readmitido no hospital por causa de dores fantasmas, e os neuromas (acúmulo de tecido nervoso do coto no local da amputação) foram removidos na esperança de aliviar as dores fantasmas.

Vimos o paciente em 1970, dois meses depois da última cirurgia, quando teve lugar o seguinte diálogo:

SK: Você conseguiria descrever o que sente no pé amputado?

GF: É uma sensação fria – uma cãibra fria e dormente. Sinto como se o dedo mínimo do pé estivesse sobre seu vizinho, além de uma espécie de cãibra na arcada do pé.

SK: Você sente como se seu pé esquerdo ainda existisse?

GF: Os dedos do pé certamente ainda existem, bem como a arcada do pé, mas não consigo sentir o resto.

SK: Como você aprendeu a aliviar a coceira no pé fantasma?

GF: Não sei. Mas quando os dedos do pé amputado ficam com cãibra e não consigo fazer com que ela ceda, esfrego os dedos do pé direito correspondentes aos que estão me incomodando no pé fantasma. Isso parece aliviar a coceira ou a cãibra. Quando me disseram para fazê-lo pensei que estivessem malucos, mas parece funcionar.

SK: A excisão dos neuromas aliviou seus sintomas?

GF: Depois da retirada dos três neuromas na extremidade do nervo, as dores fantasmas continuaram, mas a operação alterou a dor no final do meu coto. Ela trouxe o pé fantasma para mais perto do coto; em vez de senti-lo como tamanho 42 sinto-o como 35. Tenho a impressão de que os dedos estão no meio do pé. Cerca de um ano depois da amputação, senti como se os dedos estivessem a três centímetros do coto, e à medida que os neuromas cresceram, o pé se estendeu novamente. Logo depois da amputação, o pé fantasma tinha o tamanho normal. Quando a dor no coto começou, minha perna estava em tão más condições que eu não conseguia caminhar sobre ela, mas agora meus dedos começaram a sair de novo e sinto como se estivessem na metade do pé.

SK: Você consegue mover os dedos fantasmas mentalmente?

GF: Posso mover os dedos na extremidade do meu coto; meu dedo do pé está bem ali. (O paciente apontou para um local do coto, e observamos que ele conseguia contrair mentalmente os músculos, o que fez com que ele sentisse como se estivesse movendo o membro fantasma.)

SK: Quando você contrai os músculos do seu coto, você sente como se estivesse realmente movendo o próprio dedo?

GF: Bem, o dedão está aqui. (O paciente apontou para uma região no espaço a cerca de doze centímetros do coto.)

SK: Se eu colocar minha mão perto dos seus dedos fantasmas, você sente como se eu os estivesse tocando?

GF: Não.

SK: Você consegue mexer o dedão fantasma?

GF: Sim.

SK: Você consegue mexer o dedo mínimo fantasma?

GF: Não, não sozinho, mas consigo mexer o pé todo para cima e para baixo.

SK: Você tem cãibras no pé fantasma?

GF: Sim. Se fico em pé o dia todo com o aparelho, quando relaxo tenho cãibras nos dedos. Sinto mais dor à noite do que de dia. Posso acalmar a cãibra ou a coceira, mas não consigo separar o dedo mínimo do seu vizinho. Mas descobri que uma das maneiras mais rápidas de me livrar de uma cãibra é saltar da cama e colocar o pé fantasma no chão. Às vezes eu até torço meu tornozelo fantasma!

SK: Como você corrige um tornozelo fantasma torcido?

GF: Não corrijo. Eu simplesmente tiro fora a perna artificial e fico sofrendo por dois dias.

Os comentários de DVK a respeito do pé esquerdo fantasma de GF foram os seguintes:

DVK: Parece que o contorno etérico do pé esquerdo existe realmente. Não consigo entender o *encaixamento* – o que foi retirado não foi tanto assim. Ele estava muito perto do lugar onde estava o pé de verdade. A energia etérica oriunda do coto ainda produz o contorno dos dedos e do pé, e sem dúvida ainda existe um pé etérico. Ele diz que sempre sente a presença do pé, e eu acho que isso está correto. Quando ele diz que sente como se um dedo estivesse dobrado sobre o outro, não creio que realmente seja assim, mas parece haver uma "dobra" na energia etérica que torna o pé esquerdo desequilibrado. A energia parece circular no pé fantasma de forma irregular, o que causa uma irregularidade correspondente no fluxo de energia que sobe e desce pela perna verdadeira. Como esta perna é de carne e osso, existe uma clara troca de energia com o cérebro, e quando ele balança a perna ocorre uma sinapse na coluna aqui. (DVK apontou para a região lombar.) Acho que é aí que se encontra parte da dificuldade.

O estímulo de um impulso nervoso vem tanto da perna quanto da coluna vertebral. O impulso de balançar a perna, bem como a dor que ele sente no pé fantasma, vêm da coluna vertebral. Existe nesse paciente um forte padrão de apego ao pensamento do seu pé esquerdo; num certo sentido, ele não o abandonou, porque não reconheceu para si mesmo: "Sou um homem sem um pé."

Eu me pergunto se não deveria haver algum treinamento para as pessoas que sofreram uma amputação para ajudá-las a aceitar a perda do membro. Esse paciente só teve parte do pé físico amputado, de modo que etericamente havia um calcanhar e um contorno do seu pé não muito longe do coto. O contorno dos cinco dedos etéricos é bastante nítido – bem mais nítido do que o do calcanhar.

O paciente está absolutamente certo de que sente o contorno do pé, mas sente muita dor por causa do espasmo e da sensação de que um dedo está cruzado sobre outro. Etericamente, não vi esses dedos cruzados; o que eu percebi foi um desequilíbrio da energia etérica entre os dedos, o que produziu um desequilíbrio semelhante na lateral da perna. Isso pode ter diversas causas físicas. O paciente afirma sentir mais dor quando está relaxado, algo que não compreendo totalmente. É claro que o fato de ele estar continuamente pensando sobre seu pé inexistente estabelece uma reação no seu cérebro, o que reativa o movimento da energia raquidiana. Existe uma ação reflexa entre os nervos, a coluna vertebral e a imagem mental da dor. Talvez este não seja um fato totalmente reconhecido.

SK: Você viu etericamente a que distância os dedos etéricos estavam do coto? A doze centímetros do calcanhar, mais, ou menos?

DVK: Eles me pareceram estar praticamente na posição normal, e não onde ele sente que estão. Talvez o pé esteja um pouco menor e mais tenso.

SK: O que a levou a considerar a coluna vertebral como um importante intermediário entre o pé fantasma e o padrão cerebral?

DVK: Em primeiro lugar, não existe realmente nenhum dedo. Mas existe uma nítida ligação etérica entre a coluna e o dedo fantasma. Eu achei isso muito estranho.

SK: Etericamente?

DVK: Sim. Eu estava tentando entender como o homem sentia a dor. Comecei com a idéia preconcebida de que a reação estava toda no cérebro, percebendo depois, porém, que eu estava totalmente errada, pois a região da dor está estreitamente relacionada com a coluna vertebral. Existe sem dúvida uma ligação entre o padrão do cérebro e a coluna, mas neste caso esta última é fundamental.

Em resumo, os dedos amputados de GF eram mais brilhantes do que o calcanhar, exibiam mais energia, e eram mais importantes para o paciente. O chakra secundário na sola do pé ainda era visível, embora pouco maior do que uma cabeça de alfinete, o que favorecia os problemas. Em geral, não há diferença entre o calcanhar e os dedos do pé no que diz respeito à energia etérica, a não ser quanto ao fato de haver um fluxo mais intenso nos pés.

* * *

Já o caso de EP, de 64 anos, que sofria de diabetes mellitus é bastante diferente. Sua perna direita gangrenou devido à má circulação, sendo amputada em agosto de 1969.

O membro fantasma passou a doer logo depois da amputação. Ele sentia vontade de coçar o dedo mínimo e a sola do pé, sentindo às vezes uma dor como se os dedos estivessem sendo torcidos e agulhas enfiadas no calcanhar. A sensação de coceira se limitava à sola do pé direito e à lateral da perna direita. Ele descobriu que coçando a perna esquerda aliviava a dor e a coceira do pé direito fantasma. Ele também percebeu que quando a coceira ocorria durante a noite, se acendesse a luz conseguia se convencer de que não havia mais a perna. Este parecia ser o melhor método para parar a coceira. Com o passar do tempo, ele parou de se preocupar com seu membro fantasma e constatou que este teve uma melhora acentuada.

A primeira vez que o vimos foi a 13 de maio de 1970, ocasião em que o membro fantasma tinha praticamente desaparecido. Ele não o sentia mais. Não havia espasmos ou contrações, e nem o pé amputado nem a perna o incomodavam mais.

DVK reparou que a perna fantasma, e até mesmo os dedos do pé, ainda apresentavam um tênue contorno no campo etérico. É como se cada vez menos energia fluísse através dela. Comparando este caso com o de GP, DVK observou particularmente que não existia nenhuma forma-pensamento ligada ao membro fantasma de EP, e ele não parecia ter qualquer apego básico à idéia de não ter uma perna. O cérebro estava apenas levemente afetado, e é por isso que não havia muita sensação. A energia etérica da perna normal estava bastante límpida e apenas levemente debilitada.

Como ele era diabético, também observamos seu pâncreas e seu plexo solar. O chakra estava muito mais opaco do que a média, sem a cor vermelha e com muito cinza. O pâncreas etérico também era bastante cinzento, o que indicava um caso grave de diabetes. As glândulas supra-renais também foram afetadas e exibiam a coloração cinza indicativa de um processo de doença.

DVK comentou a respeito do fato que, em virtude da perna estar gangrenada, um estado que se desenvolve lentamente não sendo portanto tão traumático quanto um mal que acomete uma pessoa saudável, EP talvez tenha se acostumado à idéia de ter a perna amputada. Isso poderia ter reduzido a força da sua forma-pensamento com relação à perna perdida. Ele dava a impressão de ter transferido todas suas idéias e sentimentos a esse respeito para a perna remanescente. Tudo indica que o forte apego à idéia de ter um membro é um importante fator no estudo dos membros fantasmas.

A Anestesia e a Cirurgia

O falecido Dr. Bert Cotton, cirurgião cardíaco, deu-nos permissão para observar seus pacientes depois de intervenções cirúrgicas em que foram submetidos à anestesia geral, em diferentes estágios de recuperação da consciência.

Nos que estavam completamente inconscientes, DVK observou que o campo etérico estava comprimido ou pressionado para cima, flutuando portanto sobre a região da cabeça, sem estar contudo totalmente afastado do corpo. Naqueles cuja recuperação era parcial, o campo etérico já havia começado a se deslocar para baixo na direção do tronco, e nos que estavam ainda mais despertos, esse campo estava voltando gradualmente aos pés. Vale a pena observar que tanto médica quanto clinicamente os pés são a última região a recuperar a percepção total após a anestesia.

Em virtude da dificuldade de obter permissão para observar pacientes no estado pós-operatório, chegamos à conclusão de que seria mais fácil na nossa pesquisa termos acesso a um hospital veterinário. O Dr. David Weule nos ajudou muito permitindo que usássemos as instalações do seu hospital.

É preciso mencionar em primeiro lugar que os animais possuem sistemas de chakras correspondentes aos dos seres humanos, embora os chakras em si sejam diferentes em tamanho, cor e outras características. Nos cães, os centros têm cerca de dois centímetros de tamanho, e etericamente o mais brilhante é o centro do sacro. Fisicamente, o cerebelo apresenta pouca atividade e o timo é pequeno, relativamente brilhante e cheio de sangue.

Pedimos a DVK que descrevesse o campo etérico de um animal, assinalando os locais onde percebesse anormalidades que indicassem doenças. Suas observações foram então comparadas com o diagnóstico do Dr. Weule. Algumas vezes ela apontou anormalidades nos animais que o Dr. Weule ainda não havia notado, e que foram confirmadas algumas semanas mais tarde.

Estávamos procurando compreender as características do campo etérico sob o efeito da anestesia, tanto local quanto geral, como se elimina a dor e se produz o entorpecimento, o que acontece ao campo etérico quando um tumor ou órgão é extirpado (como na castração), como se processa a cura, e quais os efeitos das drogas sobre o corpo etérico.

Numa intervenção em que foi empregada a anestesia local (quando foi injetado um por cento de cloreto de lidocaína por via intracutânea) DVK observou que o fluxo de energia etérica havia diminuído no local, e que o cérebro etérico estava mais opaco.

Um gato com a cara inchada estava sendo tratado com um medicamento, DMSO (dimetilsulfóxido). DVK verificou que o composto químico penetrava a estrutura básica da pele desimpedindo rapidamente os canais etéricos. Isso talvez explique a eficácia da droga ao diminuir com tanta rapidez a inchação quando aplicada localmente.

Fizeram com que uma gata normal cheirasse éter para que fosse possível observar a diferença entre este e outros tipos de anestésicos. Sem saber previamente de nada, DVK afirmou corretamente que o animal era absolutamente normal. Depois de quinze minutos, o fluxo da energia etérica no corpo começou a reduzir sua atividade; depois de outros vinte minutos, a energia retomou seu fluxo normal, e a seguir as pernas dianteiras da gata começaram a se mexer. Pouco depois ela foi capaz de andar.

Quando o anestésico Pentotal foi injetado por via intravenosa, o campo etérico foi expulso do corpo do animal indo localizar-se acima da cabeça com mais rapidez do que no caso do éter. Contudo, algumas ligações dentro do corpo físico permaneceram. Esta observação explica a eficácia do Pentotal no ser humano, pois a perda de consciência é rápida e agradável.

Sandy, uma Sheltie de quatro anos, estava para ser castrada, recebendo então uma dose de quatro grãos de Pentotal que lhe foi lentamente injetada por via intravenosa. DVK reparou que "a droga amortece a reação do cérebro etérico diminuindo a atividade do seu padrão de energia; ocorre também, ao mesmo tempo, um obscurecimento geral do campo etérico em todo o corpo". Depois de alguns minutos, a cadela começou a inalar gás metófano. Em conseqüência disso, o campo etérico em volta da cabeça ficou ainda mais opaco, ocorrendo um ligeiro afrouxamento do seu contato com o corpo físico. Passados cinco minutos, o campo etérico ficou ainda menos brilhante sendo empurrado mais na direção da cabeça. Todos os componentes do corpo físico pareceram reduzir a atividade.

Antes do abdômen da cadela ser aberto, DVK informou que o ovário direito estava levemente maior do que o esquerdo. O Dr. Weule começou a cirurgia cortando a pele do abdômen para extirpar o útero e os ovários do animal. Quando chegou aos ovários, confirmou a observação de DVK que o ovário direito estava ligeiramente maior do que o esquerdo.

No momento da incisão no útero e no ovário direito, DVK reparou que o padrão do campo etérico também estava sendo cortado, e que o fluxo de energia para a área tinha sido interrompido. As partes cortadas ficaram mais opacas e com muito pouca vitalidade. O ovário esquerdo foi então retirado.

Depois da excisão, a anestesia foi diminuída. O padrão etérico dos ovários e do útero removidos se alterou rapidamente, ficando primeiro mais indistinto, diminuindo depois de intensidade, e finalmente desaparecendo em pouco tempo.

Depois de aproximadamente meia hora, quando o abdômen estava sendo suturado, DVK verificou que os órgãos internos da cadela começaram imediatamente a restabelecer o equilíbrio, e que canais ou linhas de energia etérica começaram a formar novos circuitos no local de onde tinham sido removidos o útero e os ovários. Este padrão é semelhante ao que vemos clinicamente, quando o suprimento de sangue é rompido ou obstruído e começam a se formar novos canais vasculares — mas este último processo leva muito mais tempo.

A observação continuada do cérebro etérico da cadela mostrou que sua luminosidade estava voltando lentamente ao normal à medida que passava o efeito da anestesia. Verificou-se que o padrão etérico dos cachorros é bem mais simples do que o dos seres humanos: ele perece muito mais rápido, mas também se agrega com mais velocidade, como quando foi feita a sutura. Isso ajuda a explicar o porquê de os animais se restabelecerem mais rapidamente do que nós. Depois de uma hora, o padrão etérico da área extirpada começou a se restabelecer; a malha etérica estava se fortalecendo, o que indicava que o processo de recuperação estava em franco desenvolvimento. Ao contrário, a contraparte etérica dos dois órgãos removidos estava diminuindo rapidamente, deixando praticamente de existir em uma hora.

Num outro caso, DVK observou um pastor alemão doente há três semanas. Ela verificou que o animal estava tentando rechaçar uma infecção. A vitalidade estava baixa, os rins não funcionavam bem e o animal sentia dor. O chakra umbilical estava muito perturbado e inativo, produzindo espasmos dolorosos. O campo etérico apresentava-se delgado nessa região.

Ao observar um terceiro animal que parecia muito doente, DVK previu que ele não iria sobreviver, pois o campo etérico estava perdendo vitalidade e se desligando do corpo físico como se estivesse anestesiado. Isso lhe indicou que a morte era iminente, o que foi mais tarde confirmado pelo veterinário.

5
O PAPEL DA CONSCIÊNCIA

XV

Os Efeitos das Alterações na Consciência

Na pesquisa que DVK e eu realizamos juntas há muitos anos, a ênfase foi sobre os chakras e sua influência sobre o processo da doença, sendo a consciência raramente mencionada. Nós duas, contudo, reconhecíamos que a consciência é um fator fundamental na realização e transformação pessoal, o que naturalmente se reflete nos chakras. Estes últimos podem mudar e de fato mudam em resposta às modificações dos nossos pensamentos e sentimentos, bem como dos nossos padrões de comportamento, e estas alterações, por sua vez, afetam o processo de cura.

Nos capítulos que se seguem, procuramos descrever o efeito da forma como sentimos e pensamos sobre nossa saúde. Todos nós somos seres conscientes, e nossas escolhas bem como as ações que delas se originam fazem parte desse aspecto da nossa natureza, quer estejamos conscientes dele ou não.

A Meditação e a Visualização

Uma das maneiras de nos tornarmos conscientes da nossa natureza interior é através da meditação. Ela representa um esforço consciente de retirar o foco da nossa atenção das distrações físicas e emocionais imediatas, que vivenciamos na nossa vida cotidiana, concentrando-o em nosso interior. Através desse processo, obtemos uma sensação de unidade com as dimensões superiores do eu, o que se torna uma grande fonte de força e de paz.

Existem inúmeras técnicas diferentes de meditação que alcançam os mesmos resultados. O elemento importante é a regularidade, pois sem ela não podem existir efeitos a longo prazo. A prática habitual constrói confiança e estabelece um vínculo harmonioso entre todos os níveis de consciência que descrevemos. Quando praticada diariamente, a meditação consegue alterar hábitos que criam tensão, além de poder efetuar uma mudança definitiva na personalidade e na saúde do indivíduo. Isso se reflete nos chakras, pois seu ritmo irá se alterar permitindo a entrada de uma nova energia, que ajudará a romper padrões de hábitos destrutivos. Os chakras começarão a funcionar harmoniosamente em conjunto, o que por sua vez trará energia adicional para o sistema como um todo. Mesmo que a pessoa esteja cansada ao se sentar para meditar no final do dia, ela se sentirá depois não apenas relaxada como também revigorada.

Em muitos casos, a meditação proporciona uma sensação de autodomínio, e a pessoa se sente capaz de alterar antigos padrões de hábito. É desse modo que a meditação pode nos ajudar a vencer o processo da doença.

Um dos comentários pessoais de DVK ao longo dos anos – durante os quais ela focalizou a atenção basicamente nos efeitos da cura e com menos intensidade no funcionamento dos chakras – é que a meditação tem um efeito terapêutico. A sensação de que somos uma parte de um todo maior nos ajuda não apenas a nos libertarmos da ilusão habitual de que somos o centro de tudo, bem como a não mais nos preocuparmos conosco. Esta sensação de globalidade também modera nossa tendência de nos concentrarmos na nossa doença – tendência que também reforça o processo da enfermidade. Ao invés de nos identificarmos com nossa doença, tornamo-nos conscientes do nosso estado mental e da nossa capacidade de alterá-lo.

Descobriu-se que quando estressado, todo o corpo fica sob tensão, e o sistema nervoso simpático é ativado ao mero pensamento sobre algo do qual é preciso escapar ou com o qual é necessário forçosamente lidar. O batimento cardíaco e a respiração se aceleram, a adrenalina inunda o sistema, e a pessoa pode começar a suar. O fato de tudo isso poder acontecer quando algo assustador surge na imaginação demonstra que não existem fronteiras entre o corpo físico e os pensamentos e sentimentos; aquilo que imaginamos pode ser terrivelmente real para todos nós.

Do mesmo modo, imaginar ou visualizar situações serenas e felizes pode ter um efeito tranqüilizador. A visualização pode certamente ser bastante útil, pois ajuda a fortalecer o poder de concentração. Por exemplo, se estivermos ansiosos, devemos nos concentrar em algo que seja para nós um símbolo de paz, visualizando-o não apenas durante a meditação como também durante o dia sempre que surgir a ansiedade. Para que um símbolo seja eficaz, ele deve ter significado para nós; por esse motivo, devemos escolher algo que tenha relação com nossa experiência pessoal.

Para DVK, um dos símbolos mais eficazes é a árvore, pois tem suas raízes na terra, ergue-se na direção do Sol para seu sustento, e é constantemente fustigada pelo vento e pela intempérie. Em todas as culturas, o Sol é um símbolo de realidade espiritual, e as condições meteorológicas representam as circunstâncias inconstantes da nossa vida cotidiana; por conseguinte, a árvore não apenas possui para nós um significado pessoal imediato com relação à nossa vivência da natureza, como também simboliza a possibilidade de superarmos nossos problemas do dia-a-dia tornando-nos mais conscientes da dimensão espiritual que subsiste através de todas as comoções pessoais.

Quando fazemos uma visualização, estamos usando o poder do chakra frontal, o que é claramente visível para a visão clarividente, pois a rotação desse centro é afetada, o que também afeta o chakra coronário. A prática da visualização positiva, portanto, ajuda o processo de cura, uma vez que vitaliza todo o sistema, podendo desse modo ter um efeito benéfico na nossa saúde.

As mais poderosas energias podem ser extraídas dos níveis superiores da nossa consciência. Podemos despertar para esses níveis no nosso interior através da prece e da meditação. O altruísmo genuíno rompe o padrão do egocentrismo, que é amiúde a causa das doenças somáticas.

A meditação pode conduzir à convicção indestrutível de que podemos ser completos, porque participamos da globalidade do próprio universo. Quando estamos centrados, não existe o sentimento de sermos capturados na desordem que possa haver à nossa volta, o que nos permite vivenciar a verdadeira paz. Esse fato cria um núcleo interior de firmeza que nos pode manter serenos e equilibrados mesmo na presença das dificuldades da vida.

Um caso de grande interesse para DVK ilustra os efeitos sobre os chakras e o processo de cura quando ocorrem alterações na consciência. Uma jovem que sofria de um caso grave de artrite reumatóide tinha muito pouca confiança em si e em suas habilidades. Na ocasião em que nos procurou, seu sistema de energia estava fraco, o que naturalmente afetava seus chakras. Pouco depois, ela ficou muito interessada tanto na meditação quanto no processo de cura, começando então a meditar regularmente.

Isso causou uma grande mudança no estado geral da sua saúde, e seu sistema de chakras refletiu a mudança. Vários dos seus centros foram particularmente afetados: o chakra frontal, a sede da concentração, e o chakra coronário, a morada da consciência e ponto de entrada das energias superiores, começaram a atuar em harmonia um com o outro e também com o chakra cardíaco, o que, por sua vez, influenciou o funcionamento do chakra umbilical. Ao alterar conscientemente seus padrões de pensamento, ela transferiu seu foco do plexo solar para o coração, transformando todo o sistema.

Quando os chakras cardíaco e coronário trabalham harmoniosamente em conjunto, há uma repercussão na glândula timo, o que fortalece o sistema imunológico. Ao mesmo tempo que esse processo ocorria na paciente, esta procurou se dedicar a ajudar outras pessoas através da cura, o que também trouxe nova energia para o chakra cardíaco. Houve uma visível mudança tanto no ritmo quanto no movimento dos seus três centros superiores.

Tudo isso alterou profundamente a sua vida. A artrite desapareceu em poucos anos, e a integração de suas faculdades proporcionou-lhe autoconfiança. Ela foi capaz de assumir uma posição de responsabilidade numa importante e difícil obra beneficente, o que não apenas fez com que reconhecesse que podia ajudar as outras pessoas como também fortaleceu sua determinação de levar uma existência altruísta.

Tanto a prática regular da meditação quanto concentrar a mente num conceito elevado ou universal relaxam a tensão. Isso nos libera porque atinge um nível além dos problemas e desejos do eu pessoal; também altera a energia no chakra coronário e abre a mente e o coração a dimensões de consciência que nos inundam de paz, diminuem o estresse emocional, afetando assim todo o corpo.

A Percepção Sensorial Superior

Desde a infância, VPN tinha consciência da sua capacidade de perceber objetos a distância e de se comunicar com seres não físicos por meio da telepatia. Numa ocasião em que tinha cerca de sete anos de idade, viu um amiguinho sendo morto acidentalmente por um trem. Quando VPN correu para sua mãe muito aflita e descreveu o acidente, foi repreendida por inventar uma história tão terrível, pois seu amigo morava a mais de cento e sessenta quilômetros de distância. Alguns dias depois, receberam a notícia da morte da criança, e a visão de VPN foi confirmada. Ela tinha, porém, aprendido a lição e passou a guardar para si mesma esse tipo de experiência até mais tarde na vida.

DVK nada sabia a respeito dessas experiências anormais da infância de VPN. Contudo, quando lhe pedimos que analisasse seus chakras, DVK descreveu alterações nos chakras coronário e frontal bem como nas glândulas pineal e pituitária, o que indicava que VPN possuía não apenas habilidades telepáticas como também uma consciência espiritual. Os detalhes do caso são narrados no apêndice, mas queremos registrar aqui que as mudanças observadas tanto no chakra coronário quanto no frontal estavam especialmente relacionadas com o grau de luminosidade, a velocidade do movimento, o tamanho e a elasticidade, todos acima do normal. A atividade da glândula pineal era mais intensa que a média, pois esta era estimulada pelo chakra coronário, que estava estreitamente ligado ao centro frontal.

As sugestões de habilidades paranormais reveladas pelos chakras foram corroboradas pela observação do seu corpo mental, cujo tamanho e brilho confirmaram a capacidade telepática, além de indicar a presença de um influxo das dimensões superiores de consciência, que lhe proporcionavam uma espécie de "saber" intuitivo.

DVK também mostrou quais os centros etéricos e correspondentes glândulas endócrinas que poderiam mais tarde causar problemas físicos à VPN. Vinte anos mais tarde, VPN desenvolveu sintomas que confirmaram essa previsão.

Essas e outras observações indicam que os chakras são afetados por nossos pensamentos e sentimentos, e que também fazem parte do mecanismo que liga nosso corpo físico aos elementos mais sutis da nossa natureza. Eles são, portanto, partes componentes do processo de crescimento espiritual.

XVI

A Dinâmica da Cura

Qualquer estudo do processo da doença tem que ter como objetivo o aumento da nossa compreensão com relação aos fatores que conduzem à cura e ao restabelecimento da saúde e do bem-estar. A cura nesse sentido vai além da melhora de uma doença específica, significando a restauração da unidade, que o processo da doença desintegra. É amplamente reconhecido hoje em dia que a cura no sentido de regeneração é autogerada. O processo pode e em geral deve ter assistência médica para que os obstáculos à cura possam ser removidos, mas, em última análise, o corpo deve curar a si próprio.

Entretanto, o processo da cura ainda é bastante misterioso. Como ocorrem as recuperações espontâneas? Por que algumas pessoas se restabelecem totalmente de doenças graves, ao passo que outras sucumbem apesar dos mais sofisticados tratamentos? Nossas investigações estão fortemente voltadas para essas questões, pois elas realçam o fato de que os campos e os chakras desempenham um importante papel na manutenção da saúde e na complexidade do sistema imunológico do corpo, bem como de outros sistemas. Desse modo nossas observações podem nos ajudar a compreender como e quando acontece a cura, e por que ela deixa de ocorrer.

As causas da saúde e da doença devem ser encontradas dentro do mistério da natureza humana. Diz-se no Oriente que colhemos apenas os frutos da nossa ação passada e presente. O passado é imutável, mas seus resultados permanecem conosco para o que der e vier. O futuro é imprevisível, mas suas sementes estão no presente – e a respeito do presente *podemos* fazer alguma coisa. Aquilo que fazemos, o que comemos e bebemos, o que sentimos e pensamos – nossos hábitos e comportamento – tudo contribui permanentemente para o que somos agora e o que seremos amanhã. Essa imagem, porém, não é moldada em concreto. À semelhança de tudo na natureza, a vida humana é um processo dinâmico, e portanto temos a capacidade de alterar nossos padrões de comportamento, modificando a nós mesmos e ao nosso futuro.

Todas as observações de DVK indicam que a saúde e a cura dependem de um fluxo de energia natural, harmônico e sem obstáculos.

Como já foi descrito anteriormente, essa energia é um campo de força universal, estando portanto sempre presente, mas seu fluxo pode ser reduzido ou restringido sob certas condições. Analogamente, seu fluxo pode ser intensificado, e é este princípio que sustenta a dinâmica de toda a cura alcançada sem a intervenção da medicina, seja ela chamada de cura espiritual, toque terapêutico, cura natural ou qualquer outro nome. Alguns dos fatores que contribuem para essa intensificação já são conhecidos há muito tempo, ao passo que outros são mais misteriosos.

Por exemplo, DVK visitou a cidade de Varanasi (Benares) na Índia, há muito considerada extremamente sagrada, aonde milhares de pessoas vão diariamente para se banhar no Ganges e se purificar através dos seus poderes curativos. Se olharmos com nossos olhos físicos, tendo em mente as noções habituais de higiene do Ocidente, a cidade é muito suja e o rio deveria estar fortemente poluído pela grande quantidade de pessoas muito doentes e mortas que são banhadas em suas águas. Contudo, quando examinada etericamente, a imagem que se apresenta é bastante diferente.

De um modo geral, todo rio ou massa de água em movimento possui uma contraparte etérica muito tênue e que se estende cerca de oito centímetros acima da superfície. O Ganges não é uma exceção na maior parte do seu curso. Entretanto, no local de Varanasi em que os peregrinos entram no rio, DVK pôde perceber o que descreveu como uma condição de "energia etérica de duas camadas" que se estendia talvez oitocentos metros ao longo das margens, mas que não era encontrada rio acima ou rio abaixo. Ao longo dessa extensão do rio havia um fluxo especial de energia etérica que se expandia cerca de três centímetros abaixo da superfície da água. Além disso, a cerca de oitocentos metros rio acima desse ponto havia outra concentração de energia, que quase podia ser considerado um vórtice espiritual de energias de cura. (Eles ocorrem em todo o mundo.)

É estranho, porém verdadeiro, que muitas curas ocorram nessa parte do rio. A explicação de DVK é que, em decorrência das suas condições especiais, quando o paciente se banha nesse local das águas do Ganges recebe uma quantidade adicional de energia etérica suficiente para promover uma recuperação mais rápida do que seria normal.

Curas "Miraculosas"

De vez em quando pessoas especialmente sensitivas conseguem atrair espontaneamente as forças curativas da natureza, de modo a concentrar energia e produzir curas. Kathryn Kuhlman (1907-1976) foi uma dessas pessoas. Todas as suas curas tinha lugar num cenário religioso, na presença de, às vezes, até sete mil pessoas que participavam do serviço, acrescentando assim sua energia ao processo. Suas curas eram sempre espontâneas e dramáticas, e sua eficácia confirmada repetidamente pelos médicos. No seu programa semanal de televisão ela apresentava os pacientes que afirmavam terem sido curados, junto com laudos médicos que confirmavam suas declarações, ou até mesmo com os próprios médicos.

Assistimos a dois dos serviços em maio de 1970 e em janeiro de 1974. Em ambas as ocasiões, o método foi o mesmo. Os serviços duraram das 13 às 17 horas, e chegamos uma hora mais cedo para que DVK pudesse observar a Srta. Kuhlman tanto antes quanto depois do serviço de cura.

Em ambos os serviços havia música de órgão e um coral de mais de duzentas vozes cantando hinos. A opinião de DVK era que o ritmo e o vigor da música tinham um importante papel na preparação da cura, pois construíam uma tremenda forma-pensamento que envolvia todo o auditório unindo as energias das milhares de pessoas presentes.

Como regra, Kathryn Kuhlman subia ao palco uma hora antes do início do serviço e começava a cantar com o coral. Nesse momento, DVK reparou que os campos astral e etérico da curadora estavam muito luminosos, e que apresentavam uma capacidade fora do comum de se expandir fortemente envolvendo uma grande área. Seus chakras eram brilhantes e giravam depressa, e todo o sistema de chakras, incluindo os níveis astral e mental, era harmonioso, sincronizado e bem integrado. Durante o serviço ela se sensibilizava num grau extraordinário.

Durante o serviço de cura propriamente dito, DVK observou que enquanto o órgão tocava, um padrão de cor multicolorido começou a envolver todo o auditório, e que esse padrão se reproduzia na forma musical criada pelo órgão, o que era um fator muito importante em todo o processo. Esses padrões produziam em conjunto um fluxo palpitante de luz e cor que parecia se concentrar ou emanar da plataforma onde se encontrava Kathryn Kuhlman.

Ao observar os chakras da curadora, DVK reparou que os centros umbilical, frontal e coronário eram os mais poderosos, e que havia um estado de harmonia quase perfeita entre os centros etéricos e os astrais. Não existiam quaisquer bloqueios. Quando a Srta. Kuhlman orava, entrava em sintonia com o tremendo poder espiritual que chamava Deus, transformando-se naquele momento no seu foco e veículo.

À medida que o serviço prosseguia, a força combinada das preces e do canto se concentrava consolidando um vínculo com as forças curadoras. A união da imensa audiência permitia que a Srta. Kuhlman sorvesse parte da sua energia etérica para poder construir uma situação de enorme poder. Esta energia era tanto etérica quanto astral. Quando começou a falar sobre o Espírito Santo, ela ficou tremendamente carregada de energia, e todos os seus veículos (ou seja, sua aura) começaram a se estender e se expandir. Ela ficou parecida com um grande dínamo elétrico, ou uma haste de pára-raios que atraía essa força superior. Quando começou a falar com profunda convicção seu rosto ficou pálido, e DVK acreditou que ela não estava totalmente consciente do que estava ocorrendo, embora soubesse que estava sendo usada como um canal por uma força maior do que ela. Repetia constantemente que não era ela quem realizava a cura e sim o Espírito Santo, de quem era instrumento.

Um dos aspectos mais interessantes da sua cura era que a Srta. Kuhlman não sabia quem deveria ser curado e nem podia escolher as pessoas que iria ajudar. Ela aparentemente tomava consciência desses indivíduos durante o processo em si, quer a partir de um sentimento que passava por ela ou de uma sensação de "ouvir" qual era o problema, ou talvez uma comunicação emocional com a pessoa e a doença que estava sendo curada naquele momento. Ela apontava para o local do auditório no qual estava ocorrendo a cura e identificava a parte do corpo da pessoa, como a coluna vertebral ou os pulmões. Ela raramente fazia menção a uma doença específica, embora dissesse algumas vezes "câncer".

No momento da cura, os pacientes sentiam um tremendo fluxo de energia passando através deles, que muitos descreviam como um "raio", vindo de um profundo nível espiritual diretamente para os campos emocional e etérico. Os chakras umbilical e coronário eram os mais afetados. A sensação de "raio" surgia quando esses dois chakras e todos os outros se aceleravam.

Essa aceleração era acompanhada da ajuda de forças dos níveis superiores.[1] Isso afetava de tal forma o metabolismo do corpo que o equilíbrio adequado era alcançado instantaneamente perdurando depois do final do serviço. Os pacientes sentiam invariavelmente um tremendo calor passando pelos seus corpos, tão intenso a ponto de ser sentido pelas pessoas sentadas ao lado.

Segundo DVK, era essa aceleração repentina do sistema de chakras que continha o processo da doença. As pessoas curadas era dito que jogassem fora seus aparelhos e muletas e que caminhassem na direção do tablado para testar o que tinha acontecido. Kathryn Kuhlman tocava com os dedos a testa dos pacientes, e o impacto desse contato era tão grande que normalmente os pacientes caíam para trás. Ela dizia que isso era ser "atacado pelo poder." Esta bênção era extremamente poderosa. Por meio dela, os pacientes recebiam uma carga adicional, o que ajudava a "prender" a energia de cura dentro dos seus sistemas para que ela continuasse a atuar sobre eles durante algum tempo. A força das mãos de Kuhlman era tão forte que às vezes derrubava não apenas a pessoa que estava sendo curada como também várias outras que estavam nas proximidades, e que tombavam como uma carreira de pedras de dominó.

---

1. Na cura espiritual, tradicionalmente, os curadores costumam sorver ou reconhecer a presença de forças que trabalham através deles, as quais eles identificam com Deus, anjos ou outros seres espirituais.

Kathryn Kuhlman foi sem dúvida uma curadora ímpar, que possuía a habilidade de extrair energias espirituais de um poder maior. Um dos mistérios da sua cura era o fato de não ter controle sobre quais os pacientes a serem escolhidos para serem curados. DVK achava que era o karma[2] do paciente que determinava quem iria ser curado. Isso certamente não tinha qualquer relação com acreditar ou não na habilidade de Kuhlman ou com pertencer à fé cristã, pois muitos indivíduos céticos e agnósticos foram curados apesar disso.

Havia contudo uma dúvida na mente de DVK, que era se a experiência de ser curada mudaria uma pessoa com o decorrer do tempo, e se a tornaria mais sensível às necessidades dos outros. Ela teve oportunidade de observar um paciente que sofria de artrite reumatóide e que fora curado por Kuhlman um ano antes, percebendo que surgira um pequeno elo entre o nível superior ou espiritual da pessoa e as emoções. É como se a energia de cura tivesse penetrado o corpo astral, ocasionando uma mudança real e duradoura na pessoa.

É a energia espiritual que produz a transformação dos padrões emocionais, o que pode criar uma mudança permanente no corpo astral. Para os pacientes, a experiência era de total felicidade, e em conseqüência desse fato muitos deles ficaram mais calorosos e mais abertos no seu relacionamento com as outras pessoas.

Os Curadores como Transmissores de Energia Etérica

Pessoas que usam as mãos para curar e que praticam as mais diversas atividades podem ser encontradas em todo o mundo: médicos, pastores, quiropráticos, enfermeiros ou pessoas leigas. Muitos descobrem acidentalmente sua habilidade e alguns não conseguem de início acreditar que todas as pessoas não compartilhem desses poderes.

Esse tipo de cura, no passado amiúde chamada de cura magnética, inclui hoje em dia a modalidade conhecida como Toque Terapêutico. Existem muitas variações individuais do método, mas todos os que o praticam declaram sentir algumas sensações nas mãos. A mais comum é a de calor, a qual oscila de acordo com as necessidades do paciente. Ela pode ser acompanhada de outras sensações, quer simultânea quer consecutivamente: palpitação nas mãos, impressão de frescor, sensação de contração ou de compressão, formigamento como que causado por agulhas, impressão de que há pontas que se tornam quebradiças, sensação de um volume na palma da mão, e até mesmo uma dor aguda nas mãos ou nos braços. Algumas pessoas dizem que suas mãos são atraídas para um local que sentem ser a causa do problema em vez de para a região que o paciente

---

2. As conseqüências das ações passadas.

identifica como dolorida. Quase todos os curadores têm consciência do momento em que o fluxo de energia começa e de quando acaba.

Por outro lado, a maior parte dos pacientes sentem uma sensação maior de relaxamento e bem-estar quando tratados por um curador. Alguns descrevem uma impressão local e às vezes generalizada durante o processo. Podem ocorrer às vezes ondas de dor agudas, dolorosas sensações de formigamento que fluem das partes afetadas para os pés ou as mãos; elas podem transmitir uma sensação de ardor, de picada, de fluxos refluentes de energia, ou simplesmente de pressão.

A atitude do paciente com relação ao processo de cura não afeta sua eficácia. Como já foi mencionado, muitas pessoas compareceram aos encontros de Kathryn Kuhlman por mera curiosidade e foram curadas sem nem pedirem e nem esperarem por isso. Nem tampouco o desejo do curador de curar o paciente pode controlar o processo da cura.

A duração do tratamento varia segundo a necessidade e a resposta do paciente, o que é transmitido à consciência do curador através das suas mãos. Pode durar alguns minutos ou meia hora. O alívio da dor pode ocorrer de imediato, mas os sintomas podem recomeçar em algumas horas ou dias, fazendo com que o tratamento precise ser repetido diversas vezes. Ocorre de vez em quando uma exacerbação temporária dos sintomas durante algumas horas ou dias antes que a cura se consolide.

Alguns curadores parecem possuir dentro de si um "termostato automático" que interrompe o fluxo de energia etérica na ocasião adequada. Nesses casos, raramente há qualquer perigo de sobrecarregar o paciente. Entretanto, quando os curadores se entusiasmam demais e deixam de prestar atenção à sua orientação interior, há o risco de derramarem energia em excesso num paciente, o que pode ter conseqüências desagradáveis e até mesmo prejudiciais.

Do que foi exposto acima, o leitor irá depreender que entendemos que a cura assume diferentes formas apresentando resultados desiguais, o que decorre de muitos fatores desconhecidos, tanto nos pacientes quanto no processo. A maioria dos curadores que empregam o Toque Terapêutico ou métodos semelhantes realmente aumentam o fluxo de energia nos pacientes, além de remover bloqueios. Isso pode ou não ser suficiente para acionar o processo de cura nos pacientes, alcançando assim um efeito duradouro. A espécie de cura realizada pela pessoa naturalmente prendada, ou aquela que ocorre sob circunstâncias aparentemente "miraculosas", é absolutamente extraordinária, visto que seus efeitos são imediatamente sentidos e os resultados duradouros.

As Observações de Outros Curadores

Frances Farrelly (cuja identidade pode ser revelada pois ela mesma já o fez) era a sensitiva denominada Kay no livro *Breakthrough to*

Creativity de SK. Ela possui numerosas habilidades psíquicas, algumas das quais mais desenvolvidas do que outras. É uma pessoa extremamente sensível, conseguindo sentir o estado físico ou emocional de outra pessoa. Foi ela a primeira a chamar a atenção de SK para aqueles que chamamos de "sugadores", ou seja, pessoas que extraem a energia emocional de outras e que, portanto, as debilitam. Ela é uma boa curadora magnética, não possuindo porém controle sobre o resultado da sua cura. É às vezes uma boa psicometrista, mas sua especialidade é procurar água, minerais, ruínas arqueológicas e objetos ou pessoas perdidas, com a varinha rabdomântica. Ela também tem um bom controle da expansão ou contração dos seus dedos etéricos.

Desde a mais tenra infância, FF percebia a presença dos espíritos da natureza, mas sua clarividência é esporádica e limitada. Ela é incapaz de ver os chakras. Consegue ocasionalmente ver e influenciar objetos distantes, e já teve algumas experiências extraordinárias de precognição. Ela é objetiva em sua pesquisa, tem idéias flexíveis, um temperamento jocoso, e está sempre pronta para explorar novas idéias na sua busca da verdade.

Ao estudar o trabalho dos curadores, é preciso observá-los quando estão atuando. Em um dos nossos inúmeros experimentos conjuntos, FF declara que quando a cura tem início suas mãos ficam quentes, e quando está concluída o calor imediatamente desaparece. Pedimos a DVK que observasse o que acontece durante esse processo. A paciente estava sofrendo de uma infecção das vias respiratórias superiores e de dor de garganta. Pedimos a FF que a curasse, e ela e a paciente se sentaram a cerca de quatro metros e meio de DVK e SK. A cura teve início alguns instantes depois de FF colocar sua mão direita na garganta da paciente. DVK reparou que a curadora gerava um fluxo de energia etérica que ia da sua cabeça para suas mãos e que depois palpitava entre estas últimas através da região da garganta da paciente que estava sendo tratada. A mão direita dava a impressão de ser a mais sensível das duas. A sensação de calor nas mãos da curadora se apresentava à observação clarividente como uma cor vermelho-laranja que emanava da ponta dos seus dedos.

Neste experimento, DVK observou o calor sentido por FF alguns momentos antes de ele se tornar aparente tanto para a curadora quanto para o paciente. (As observações de DVK eram feitas em silêncio, e nem o paciente nem a curadora tomaram conhecimento das mesmas na ocasião.) A cor vermelho-laranja indica que a energia estava fluindo; à medida que mudava para amarelo a energia ia diminuindo.

Testamos a afirmação de FF de que ela tanto podia impregnar uma pessoa de energia etérica quanto exauri-la. Ela se sentou de frente para a pessoa, e DVK e SK se sentaram a pouco mais de quatro metros. FF focalizou seus olhos nos olhos do indivíduo e em poucos minutos DVK informou que ela estava sorvendo energia. DVK pediu então a FF que invertesse o processo e impregnasse a pessoa de energia etérica, o que ela fez. Depois de repetir diversas vezes o experimento, concluímos que FF possuía de fato a capacidade de vitalizar e debilitar. Analisamos mais tarde pessoas que "sugavam" energias astrais e mentais bem como etéricas.

A capacidade das pessoas de curarem a si mesmas varia tremendamente, e até mesmo os curadores mais famosos morreram de causas naturais. Entretanto, eles conseguem de vez em quando efetuar autocuras. Há cerca de vinte e cinco anos FF queixou-se a SK, que percebeu um tumor no cólon descendente, provavelmente canceroso. Esse fato foi confirmado por DVK, que observou uma obstrução no fluxo de energia na região. FF procurou então um médico que lhe foi indicado, o qual diagnosticou seu mal como um tumor maligno que precisava ser operado.

FF, contudo, estava convencida de que sua doença tinha em parte uma origem emocional, e decidiu resolver o problema antes de tomar qualquer decisão. Ela passou os dois ou três dias seguintes meditando e olhando de frente seus problemas. O câncer retrocedeu, o tumor começou a diminuir, e sua saúde tem estado ótima nos últimos vinte e dois anos. Embora este método certamente não seja recomendado para todas as pessoas, FF conseguiu se curar alterando seus padrões emocionais. (Ela nos deu permissão para que contássemos este caso.)

DVK observou vários outros curadores em atividade. De um modo geral, seus campos etéricos tinham a tendência de ser um tanto ou quanto mais luminosos e às vezes maiores do que a média. Os chakras também eram invulgarmente brilhantes e elásticos. Essas características parecem ser comuns aos curadores, embora seus métodos difiram consideravelmente. Em alguns casos, os chakras frontal e laríngeo pareciam maiores do que o normal. (O apêndice apresenta o histórico de três curadores.)

A História do Coronel Estabany

O Coronel Oskar Estabany descobriu sua habilidade de curar de um modo muito estranho. Sendo um oficial da cavalaria húngara, ele era extremamente apegado ao seu cavalo. Este último teve a infelicidade de quebrar a perna, e como isso é normalmente fatal para esses animais, tomou-se a decisão de sacrificá-lo. O Cel. Estabany dirigiu-se ao estábulo onde o cavalo estava deitado para dele se despedir, e começou a passar suavemente a mão sobre a perna machucada. Depois de algum tempo, o cavalo começou a se mexer, ficou em pé e finalmente conseguiu andar. Isso pareceu uma proeza tão impossível para um cavalo com uma perna quebrada, que ele foi novamente examinado, sendo constatado que o membro estava completamente restabelecido.

Depois dessa experiência, o Cel. Estabany arriscou-se a tentar curar as pessoas, descobrindo que também podia ajudá-las. Ele emigrou mais tarde para o Canadá, onde sua habilidade foi inicialmente avaliada pelo Dr. Bernard Grad da McGill University, e mais tarde pela Irmã Justa Smith de Buffalo, Nova York. O Dr. Grad contou que o Cel. Estabany conseguiu fazer com que queimaduras em camundongos se curassem com mais rapidez do que o normal. Ele também acelerou o crescimento de sementes borrifando-as com água mantida em suas mãos durante meia hora.

Os experimentos com o Cel. Estabany conduzidos pela Irmã Justa foram extensamente narrados tornando-se bastante conhecidos. (Veja Capítulo VII.) Ela pediu-lhe que tornasse novamente normal a atividade de uma enzima (o tripsinogeno) que havia sido danificada, o que ele realizou com sucesso, embora estudos posteriores conduzidos pela Irmã Justa constatassem que muito poucos curadores tinham a capacidade de repetir seus resultados. Esse fato levantou a possibilidade de alguns curadores serem mais eficazes do que outros no tratamento de determinadas doenças em virtude de fatores existentes nos seus campos etérico e astral. Esses fatores talvez pudessem ser especificados, e nesse caso os curadores poderiam se especializar em doenças específicas segundo suas habilidades.

DVK colaborou mais tarde com o Cel. Estabany no seu trabalho de cura, podendo assim observar como ocorria a troca de energia. Ela chegou então à conclusão de que outros poderiam aprender a produzir resultados benéficos semelhantes através da intervenção consciente, apesar de não serem curadores naturais como o Cel. Estabany. Isso resultou no desenvolvimento do método de cura denominado Toque Terapêutico, no qual a Dra. Dolores Krieger e DVK estiveram estreitamente associadas.

Desse modo, embora o estudo de curadores e do processo de cura possa ter se afastado um pouco do objetivo original deste livro, poder-se-ia dizer que nossas investigações ajudaram a revelar mais extensamente o campo da cura àqueles que a ele se dedicam. Desde a época dessa pesquisa, DVK vem se dedicando ao estudo do campo etérico e dos chakras, além de aplicar seu conhecimento na expansão de técnicas mais refinadas para o Toque Terapêutico, o que por sua vez tem ajudado um grande número de doentes. Estudos clínicos mostraram repetidamente que a energia etérica, objeto das nossas investigações, de fato desempenha uma função real na saúde e na doença, e que é possível remover bloqueios ao fluxo dessa energia através da intervenção consciente. Por conseguinte, nossos estudos apresentaram alguns resultados práticos que foram muito além daquilo que imaginamos na ocasião.

XVII

Em Direção ao Futuro

PRIMEIRA PARTE POR SHAFICA KARAGULLA

Oferecemos neste livro dados obtidos através da observação clarividente que talvez possam nos fazer dar mais um passo no sentido de deslindar o complexo problema da saúde e da unidade humana. Quer ou não nossos dados sejam totalmente aceitos, deveriam pelo menos levantar importantes questões para futura investigação. A mais importante, na nossa opinião, relaciona-se com a natureza do que denominamos energia etérica, os mecanismos que regem sua renovação e esgotamento (os chakras), e como estes últimos afetam as funções físicas e a preservação da saúde.

Mesmo que nossas premissas não sejam ainda aceitas pela classe médica, estão sendo reforçadas a cada dia pela aceitação cada vez maior de que os sistemas físicos do nosso corpo são regidos por processos tão refinados a ponto de serem praticamente "não-físicos" no senso comum da expressão. Nossa pressuposição de que existem campos de energia mais sutis do que os até agora medidos, mas que contudo invadem o mundo físico, é compatível com o conhecimento contemporâneo; a noção de que essas energias mais sutis estão relacionadas com diferentes estados de consciência já é mais revolucionária, porém não de todo incompatível com a posição de cientistas que levantam a hipótese de a mente ser companheira da matéria.

Quando olhamos para o futuro, o que é possível concluir do trabalho que DVK e eu realizamos em conjunto? Antes de definir o que nos parece mais importante, é preciso admitir que parte dos nossos dados são inconclusivos. Apesar de saber disso, nós os apresentamos, esperando estimular os leitores e outros pesquisadores a pensar de um modo diferente a respeito da saúde e da doença. Também é importante mencionar que nem sempre nossos pontos de vista estiveram totalmente de acordo. Discordamos, por exemplo, com relação ao papel e à importância de alguns chakras. Escolhi orientar-me para a pesquisa, concentrando-me fundamentalmente no mecanismo dos centros, ao passo que DVK considera a relação entre o campo de energia e os chakras o elemento mais importante no diagnóstico. Contudo, apesar dessas diferenças nas nossas prioridades, sempre trabalhamos juntas com muita harmonia.

A primeira constatação importante que fizemos foi de que uma dissonância — ou seja, um processo de doença — pode existir durante muitos anos no campo etérico, astral ou mental antes de se manifestar no físico. DVK costumava indicar as áreas enfraquecidas, e suas observações se confirmaram nos casos que pudemos acompanhar durante um certo período de tempo.

Um segundo ponto importante foi a verificação de que a excisão de uma glândula endócrina enferma, como a tireóide, não curava de imediato a anormalidade do chakra. Concluímos a partir desse fato que, para produzir uma cura permanente, é preciso descobrir como tratar o distúrbio no chakra. Esse desafio requer evidentemente uma abordagem de duas etapas: em primeiro lugar, o pesquisador precisa admitir que o problema tem uma origem muito profunda (esteja ou não identificado com um chakra específico), e em segundo, precisa descobrir como curá-lo. Até o momento, ninguém sequer começou a descobrir como tratar os chakras etéricos, embora existam aqueles que fazem afirmações ridículas dizendo-se capazes de "abrir" ou "fechar" um chakra — declarações sem qualquer fundamento real. A maioria dos curadores não faz essa tentativa, e por sorte não é fácil afetar os centros, embora muitas dessas pessoas possam aumentar a vitalidade do paciente, remover bloqueios e aliviar a dor, intensificando desse modo o processo de cura.

Terceiro, é preciso mais uma vez enfatizar que não conseguimos determinar qual a parte do corpo que seria afetada em virtude do mau funcionamento de um determinado chakra. Quando o centro laríngeo, por exemplo, era afetado, éramos incapazes de dizer se a doença iria atingir a tireóide, os pulmões ou o peito.

Quarto, as observações de DVK fornecem pistas para a natureza da percepção sensorial superior bem como para a possibilidade do seu desenvolvimento. Existe no momento um forte interesse nessa área, e um grande número de pessoas afirma possuir diferentes graus de habilidade. Entretanto, a *comprovação* dessas afirmações praticamente não existe. Como demonstra nosso trabalho, é relativamente fácil definir métodos de pesquisa que confirmariam ou não a validade da percepção sensorial superior de qualquer indivíduo.

A questão do seu desenvolvimento é bem mais complexa. DVK definiu algumas das exigências, porém existem muitas incógnitas. Existem, na verdade, perigos nesta área, o que seria verdadeiro com relação a qualquer ciência que não fosse adequadamente compreendida. Nossa opinião é que a investigação clarividente deveria estar no domínio da ciência, pois sua área de pesquisa abrange tipos de energia e seu efeito sobre os estados físicos, o que faz com que ela deva ser tratada com o mesmo grau de cuidado e controle dedicado a qualquer outro projeto científico. (Lamentavelmente, muitos daqueles que possuem a percepção sensorial superior se recusam a submeter-se a essas verificações, querendo que suas afirmações sejam aceitas sem provas.) Da mesma forma como Madame Curie queimou-se gravemente por desconhecer a radioatividade, a pessoa que explora novos campos de consciência e energia também corre perigo, a não ser que esteja totalmente familiarizada com o que é até hoje conhecido.

Surgem outras perguntas, mais sobre os conceitos a respeito do homem, que formam o contexto do nosso estudo, do que sobre a pesquisa propriamente dita. Por exemplo, com base na hipótese de que a personalidade humana é um fenômeno trino, estará esta triplicidade refletida no nível físico? O próprio corpo físico é composto por uma tríade de três tipos de células que surgem da união do óvulo com o espermatozóide, conhecidas embriologicamente como o endoderma (camada interna), o mesoderma (camada intermediária) e o ectoderma (camada externa). Diferentes glândulas endócrinas podem se originar de qualquer uma das três camadas embriológicas, ou seja: a tireóide do endoderma, as gônadas do mesoderma, a pituitária do ectoderma. Já me perguntei diversas vezes qual o papel desempenhado por esses três tipos básicos de células, não apenas na incidência da doença, como também na abordagem terapêutica com relação à cura. Poderemos estudar no futuro o tipo de estrutura celular que dá origem à doença, em vez de meramente analisar seus sintomas.

Um importante conceito que emerge da nossa pesquisa, e que já foi repetidamente enfatizado, é o da dissonância. Falamos sobre o sistema harmônico dos chakras; a idéia de que existe um padrão de relacionamento harmônico não apenas nos chakras mas também em toda a natureza é praticamente ilimitada em suas implicações. Ela aponta para um universo cujas leis estão baseadas em princípios matemáticos e musicais ao invés de mecânicos. Quando aplicamos esses princípios ao estudo de um ser humano, percebemos que a saúde é um processo harmônico de interações e inter-relacionamentos delicados mas poderosos entre os diversos níveis do corpo, das emoções, da mente e do espírito que juntos compõem a criatura que chamamos homem.

Quais são os fatores que contribuem para uma condição de harmonia interior? O conceito de que existem três campos da personalidade, ou eu pessoal, sugere que cada um deles é indispensável, e que um dano em qualquer dos níveis resulta em fraqueza ou doença. Mas mesmo quando isso não ocorre, se um desses campos não estiver em harmonia ou estiver desequilibrado com relação aos outros, os resultados serão visíveis. Por conseguinte, um estado de saúde ou bem-estar significa que esses três campos não apenas precisam funcionar livremente no seu próprio nível, como também ressoar juntos em harmonia uns com os outros, bem como com o organismo físico. Podemos então falar de doença como um estado em que estamos "desafinados", como afirmou Pitágoras. Aplicando esta idéia ao sistema de chakras, podemos dizer que quando um centro está excessivamente estimulado enquanto que outro está subativo, o equilíbrio harmonioso é perturbado, e o sistema como um todo se torna "dissonante".

Outro conceito reforçado pela nossa pesquisa é o de que a doença só ocorre dentro dos três campos da personalidade, e que a medicina holística está tecnicamente envolvida com a "unidade pessoal". O verdadeiro eu ou a alma do homem permanece perfeito mesmo quando o corpo fica doente, e a cura ocorre quando essa unidade é restabelecida em todos os níveis. Este é um conceito revolucionário que exigirá que mudemos de forma dramática a maneira como percebemos a saúde e o papel da medicina.

Acreditamos que a abordagem terapêutica de amanhã não irá mais se apoiar totalmente nas drogas e produtos químicos, passando a adotar técnicas mais sutis que empregam os próprios recursos do paciente. Algumas delas já estão sendo usadas para retreinar o corpo e conduzir os padrões cerebrais ao controle consciente. Quando a medicina passar a aceitar totalmente o potencial humano para a auto-renovação, inúmeras novas técnicas serão sem dúvida desenvolvidas.

Algumas dessas técnicas serão orientadas para a criação de padrões mentais e emocionais saudáveis, do mesmo modo como hábitos de alimentação e exercícios adequados são incentivados hoje em dia como uma forma de evitar futuras enfermidades. Quais são as atitudes que estimulam a saúde? Conhecemos bastante o dano criado pelo estresse e pelos sentimentos negativos do medo, da ansiedade e do ressentimento. Não deveríamos expandir a idéia da medicina preventiva fazendo-a incluir o desenvolvimento consciente de emoções positivas como o amor e a compreensão, que induzem a paz e a harmonia interior? Será possível que até mesmo graves problemas sociais, como a toxicomania, possam ser abordados do ponto de vista de tentar restabelecer um estado de equilíbrio e unidade dentro do paciente?

O leitor sem dúvida irá concordar em que nossas investigações levantam mais questões do que respondem perguntas. Mas a habilidade de fazer as perguntas corretas é a chave da pesquisa bem-sucedida. Se o problema mais desafiador com que nos defrontamos hoje é a própria humanidade, precisamos então ser audaciosos e procurar pistas em todos os lugares, mesmo em direções até aqui fechadas para nós — algumas vezes por causa da falta de conhecimento, outras por preconceito.

O próximo passo pertence ao futuro.

SEGUNDA PARTE POR DORA VAN GELDER KUNZ

Encerrando este relato das investigações das quais participei com a Dra. Karagulla, gostaria de resumir aquilo que percebo como os resultados da pesquisa, à luz do que aprendi nos vinte anos de trabalho de cura que realizei a seguir. No decorrer desse tempo passei a encarar os chakras e suas funções de um modo um tanto quanto diferente, mas não pude incluir muitas dessas idéias no livro, uma vez que este trata basicamente do trabalho que fiz junto com a Dra. Karagulla.

Esta última estava principalmente interessada no fenômeno da clarividência do modo como foi revelado nos dados da observação pura, e na correlação desses dados com os dos diagnósticos clínicos. Sou forçada a declarar que em momento algum este foi meu principal interesse, o qual era nessa ocasião, e ainda é, a cura e gerar a saúde e a unidade no paciente. Desse modo, estou envolvida já há algum tempo com o ensino e a prática do Toque Terapêutico como uma técnica de cura acessível aos profissionais da área da saúde, especialmente ao contribuir com minhas observações a respeito do que ocorre na doença e como o processo de cura pode ser intensificado.

Os chakras são centros de energia que estão em constante e ininterrupta interação uns com os outros, ocorrendo mudanças nos padrões de energia como um processo continuado. A cura, portanto, se reflete em mudanças de ritmo e outras alterações básicas nesses centros.

A meditação e a visualização, quando feitas regularmente e combinadas com mudanças no comportamento, podem produzir modificações nos padrões dos chakras, que por sua vez se refletem na saúde e no bem-estar físico da pessoa. É possível assim observar uma genuína transformação. O fato de a pessoa conhecer ou não o papel que os chakras desempenham como centros de energia não faz qualquer diferença.

No momento, o interesse nos chakras está aumentando bastante. Foram publicados nos últimos anos vários livros sobre o assunto, alguns deles escritos por médicos que incluem os chakras em estudos que lidam com a saúde de um modo geral. Acredito que esse interesse irá aumentar no futuro até o ponto em que o sistema de chakras possa se tornar um assunto de pesquisa médica.

Quanto a mim, estou no momento escrevendo um livro no qual espero narrar com maiores detalhes as propriedades do mundo astral e o papel importante desempenhado pelos chakras no processo de cura. O estudo ao qual a Dra. Karagulla dedicou tanto tempo e energia irá representar, estou certa, uma introdução útil à pesquisa futura, na qual espero que muito mais pessoas da área da medicina estejam envolvidas.

Apêndice
HISTÓRICO DE DOENÇAS

O Chakra Coronário

O caso de CT

O Campo Geral

Cor	Cinza-azulado com manchas cinzas espalhadas em toda a sua extensão. Tons mais escuros de cinza em volta da cabeça.
Luminosidade	Acima da média, porém opaca em alguns pontos.
Movimento	Velocidade média, porém lenta ao redor da cabeça. O padrão era ao mesmo tempo rítmico e disrítmico.
Tamanho	Mais largo do que a média, mas não simétrico. O lado direito era mais largo, porém caído. Campo etérico mais espesso do lado direito da cabeça. Campo etérico partido em pequenos grânulos no lado esquerdo da cabeça.
Elasticidade	Excelente antes da hemiplegia. Algum bloqueio. A mão direita apresentava dedos etéricos mais longos. Elasticidade fraca no alto da cabeça.
Textura	Fina. Espessa no lado direito da cabeça, partida no lado esquerdo.

Função: Dedos etéricos da mão direita com cerca de 15 centímetros de comprimento, sensitividade na mão com potencial para cura. A granulação do campo etérico no lado esquerdo da cabeça indicava uma lesão cerebral. Este campo era mais espesso do lado direito da cabeça. Havia muitas manchas cinzas espalhadas pelo campo etérico, com bloqueios locais. Havia uma grande quantidade de colesterol nas artérias do cérebro e do coração.

Correlação: Houve uma excelente correlação entre a descrição de DVK e o problema clínico. O principal dano foi avaliado através da granulação do campo etérico observado do lado esquerdo do cérebro. O campo etérico do lado paralisado estava caído, o que representava uma perfeita descrição anatômica do local da lesão.

O Chakra Coronário Etérico

Características	*Pétalas*	*Núcleo*
Cor	Azul-dourado	Azul-escuro
Luminosidade	Brilhante	Opaca

Ritmo	Disrítmico	Disrítmico
Velocidade	Rápida, porém flutuante	Lenta
Tamanho	Maior do que o normal	Maior do que o normal
Forma	Pétalas voltadas para baixo; não pontudas	Rompimento do lado esquerdo
Elasticidade	Excelente	Fraca
Textura	Fina	Frouxa

Função: Este chakra é anormal. Existe grande discrepância entre as pétalas e o núcleo. A luminosidade das pétalas evidencia a prática da meditação. O núcleo indica o processo de uma doença responsável pela afasia e hemiplegia direita.

Havia uma área a cerca de seis centímetros acima do núcleo do chakra coronário que apresentava redução de energia no lado esquerdo.

Glândula Pineal: Desenvolvida e em atividade.

Correlação: Excelente correlação entre o chakra coronário etérico e o estado clínico do paciente.

A descrição feita por DVK daquilo que percebeu etericamente no cérebro foi bastante interessante. Ela declarou que a parte do cérebro que parece lidar com o mecanismo da audição é o que ela considera a "prancha acústica". Os impulsos elétricos que normalmente atuam como a prancha acústica estão danificados. Isso por sua vez interfere com o mecanismo da audição. O "monitor da fala" no interior do cérebro etérico desapareceu. Há também disritmia, com redução de energia nos lobos frontais. A parte posterior do cérebro, quando comparada com os lobos frontais, apresenta uma energia frontal irregular. A área com redução de energia no lado esquerdo acima do núcleo do chakra provavelmente era uma conseqüência da lesão no lado esquerdo do cérebro.

O Chakra Frontal Etérico

Características	Pétalas	Núcleo
Cor	Azul-avermelhado	Alternância de amarelo/vermelho
Luminosidade	Acima da média	Variando de média-boa a opaca
Ritmo	Disrítmico	Disrítmico
Velocidade	Acima da média	Abaixo da média
Tamanho	Normal	Normal
Forma	Normal, porém levemente voltada para baixo	Apresenta desvio, não pontuda
Elasticidade	Acima da média	Abaixo da média
Textura	Fina	Espessa

Função: A função do chakra é anormal.

Glândula Pituitária: Foi afetada. Observou-se um funcionamento excessivo das glândulas supra-renais, o qual por sua vez pareceu afetar o sangue. Houve algum "espessamento" do sangue, o que talvez tenha contribuído para o ataque.

Este paciente já teve algumas habilidades psíquicas, como ter visões, mas que foram prejudicadas pela sua doença.
Correlação: Boa.

O Chakra Umbilical Etérico

Características	Pétalas	Núcleo
Cor	Verde e laranja/vermelho, porém turvo	Verde, porém turvo
Luminosidade	Acima da média	Abaixo da média
Ritmo	Variável	Variável
Velocidade	Acima da média	Acima da média
Tamanho	Maior do que a média	Maior do que a média
Forma	Maior, curvado para cima	Maior, vazamento
Elasticidade	Acima da média	Acima da média
Textura	Fina	Espessa

Função: Este chakra se desviou do normal, como indicaram a turvação das cores e a disritmia. O núcleo demonstrava lento poder de recuperação. O centro foi usado no seu trabalho como curador, sendo também aquele através do qual ele ficou esgotado e exausto.

Nota: Casos adicionais de envolvimento do chakra coronário podem ser encontrados em "Doenças Relacionadas com a Consciência e o Cérebro", Capítulo XII.

O caso de VC: epilepsia

Houve um caso relacionado com o chakra coronário, o de VC, uma mulher epiléptica, de 25 anos, admitida no Montreal Neurological Institute em 1953, sofrendo de convulsões cerebrais focais.[1] O padrão das convulsões se compunha de uma sensação de medo, calafrios com arrepio na pele, amnésia, enrigecimento, salivação e movimentos mastigatórios.

Ao ser examinado, o eletroencefalograma (EEG) mostrou uma anormalidade predominantemente esquerda, bilateral independente, ínfero-anterior-medial-temporal. O Dr. Penfield fez duas operações para extirpar o lobo temporal esquerdo. Ele descobriu que havia aderências sobre a extremidade do lobo temporal esquerdo, com anormalidades no uncus e no hippocampus. Foram extraídos cinco centímetros do lobo temporal esquerdo, inclusive toda a extensão do hippocampus de aproximadamente oito centímetros.

A paciente apresentou uma nítida melhora depois da operação e não desenvolveu afasia, mas em virtude da anormalidade da descarga etérica na região do lobo temporal direito, o prognóstico foi cauteloso. A paciente era descrita

---

1. SK não transcreveu formalmente este caso com o histórico da doença, tabelas das características dos chakras, etc., como fez com os outros casos do apêndice. – ED.

como "insuportável, portadora de um gênio terrível, o terror da vizinhança". Ela era egocêntrica, impulsiva, não sabia avaliar as pessoas, e era incapaz de aceitar responsabilidades.

DVK viu a paciente em novembro de 1959, informando que a cor do corpo etérico geral era cinza-azulado, com pequenas variações nas áreas em volta da cabeça e da garganta. Havia um leve esmorecimento em volta dos ombros, mais acentuado à direita do que à esquerda. O movimento era rítmico e simétrico como um todo, exceto ao redor da cabeça e na região do plexo solar, onde se percebia uma anormalidade. Existia na cabeça um padrão de energia entrecruzado, o que representava um claro desvio com relação à norma.

O chakra coronário etérico era definitivamente anormal quanto à forma, tamanho, movimento e elasticidade. Sua textura era fora do comum por ser fina e frouxa, tanto no núcleo quanto nas pétalas. A cor destas últimas era azul-dourado com um leve matiz cor-de-rosa, que não é usual nesse centro. O núcleo era amarelo-azulado. A luminosidade era média, porém o movimento tanto no núcleo quanto nas pétalas era disrítmico, e a velocidade um tanto lenta e inconstante. A elasticidade também era variável. A característica mais espantosa era o fato de as pétalas apontarem para baixo. Perto da região das três horas, algumas das pétalas funcionavam mal e seu fluxo de energia parecia levemente bloqueado. Havia um desequilíbrio nas áreas parietal e temporal do lado esquerdo da cabeça, e um distúrbio no fluxo de energia etérica. (DVK indicava tudo isso apontando para essas regiões no modelo.)

Em virtude do vínculo invulgarmente estreito entre os campos etérico e astral na cabeça, quando seus freqüentes acessos por excesso de emoção exerciam pressão sobre sua energia etérica diminuindo o fluxo para a cabeça, ela sentia um "branco".

Alguns dos seus sintomas, especialmente a tensão que sentia, estavam relacionados com o campo astral. Ela guardava ressentimentos, e um estado de excitação emocional desencadeava um distúrbio no cérebro etérico, que já apresentava várias anormalidades. As pétalas do chakra coronário eram sem sombra de dúvida anormais, e estavam associadas à sua doença; essas anormalidades se relacionavam com as emoções e perda de consciência.

O chakra frontal etérico era rosa-avermelhado com um pouco de amarelo e verde, tanto no núcleo quanto nas pétalas. Sua luminosidade era média, seu movimento rítmico, porém sua velocidade estava abaixo da média. O tamanho e a forma eram normais, mas levemente inclinados para baixo em alguns locais. A elasticidade do núcleo estava abaixo da média, mas as pétalas eram normais quanto a este aspecto. A textura era ao mesmo tempo fina e frouxa. A função do centro apresentava-se moderadamente normal, porém um pouco amortecida.

A glândula pituitária parecia "tensa". O padrão de energia que ia da frente da testa ao centro do cérebro estava mais fraco e lento do que o normal.

As pétalas do chakra laríngeo etérico eram em grande parte cinza-pálido. A luminosidade das pétalas era média, porém a do núcleo, abaixo da média. O movimento era ritmado, com uma velocidade média lenta. A forma e o tamanho estavam dentro dos limites normais, mas o núcleo não era muito claro e definido. Embora não houvesse um vazamento nítido no núcleo, este apresentava uma "oscilação" na parte posterior, perto da coluna vertebral. A elasticidade era normal, e a textura ao mesmo tempo fina e frouxa. A função do centro sugeria variações nos padrões das cores associadas à sua contraparte astral.

A função da glândula tireóide se alternava entre a hiper e a hipoatividade. A paciente costumava se cansar com facilidade.

O núcleo do chakra umbilical etérico era de um tom vermelho-escuro, ao passo que as pétalas eram rosa-avermelhadas. A luminosidade estava abaixo da média e o movimento apresentava-se disrítmico tanto no núcleo quanto nas pétalas. A velocidade do movimento era variável, com uma tendência à morosidade. O tamanho estava dentro do normal, mas o núcleo era nítido havendo algum vazamento de energia. A elasticidade era melhor no núcleo do que nas pétalas. A textura de ambas as partes era fina e frouxa. A função deste centro sugeria reações excessivamente emotivas evidenciadas pela predominância do vermelho. A ausência de nitidez no núcleo indicava uma tendência para o vazamento etérico.

Neste caso, houve mais uma vez uma excelente correlação entre o histórico da doença do paciente e a descrição dos padrões etérico e emocional feita por DVK.

O Chakra Frontal

O caso de CB

Histórico da Doença:
1942 — Diabetes Mellitus[1] com Retinite. Foi encontrada Glicosúria durante a gravidez. Poliúria, Polidipsia e perda de peso. Recebeu insulina.
1959 — Hipofisectomia (remoção cirúrgica da glândula pituitária) por motivos terapêuticos.
1960 — Recebeu Cortisona, Cytomel e Orinase.

Chakra Frontal Etérico

Características	*Pétalas*	*Núcleo*
Cor	Cinza, vermelho e um pouco de amarelo	Cinza mais mate com algumas cores bruxuleantes
Luminosidade	Opaca	Opaca
Ritmo	Disrítmico: padrão lento/rápido	Disrítmico: padrão lento/rápido
Velocidade	Lenta	Lenta
Tamanho	Normal	Normal
Forma	Normal; algumas voltas para baixo	Falta de nitidez
Elasticidade	Fraca	Fraca
Textura	Grosseira e frouxa	Grosseira e frouxa

Função: Anormal, acentuada moderação da atividade.
Pâncreas: Granuloso, todo o sistema físico está afetado.
Fígado: Preguiçoso.
Supra-renais: Aumentadas.
Corrente Sangüínea: Aparentemente afetada.
Correlação: Razoável. A paciente tinha uma aparência pálida e doentia. Seu rosto apresentava contrações faciais e ela tinha crises de vômito e dores de cabeça.

1. A Diabetes Mellitus é uma doença ligada a certos estados das glândulas pituitária, tireóide ou supra-renal. Sua causa é desconhecida, mas em cinqüenta por cento dos casos ocorreu uma lesão na cabeça que causou dano à pituitária ou deu origem a um tumor nessa região.

O caso de BG

Histórico da Doença:
1953 — Mastectomia radical direita em decorrência de câncer.
1958 — Descompressão da medula. Laminectomia T1 - T4 Hipofisectomia.

Chakra Frontal Etérico

Características	Pétalas	Núcleo
Cor	Cinza	Cinza mais escuro
Luminosidade	Opaca	Opaca
Ritmo	Disrítmico	Disrítmico: deslocando-se na polaridade oposta à da glândula pituitária
Velocidade	Lenta	Lenta
Tamanho	Normal	Normal
Forma	Dentro da normalidade; levemente voltada para baixo	Nitidez pouco acentuada
Elasticidade	Fraca	Fraca
Textura	Grosseira e frouxa	Grosseira e frouxa

Função: Anormal em virtude da disritmia, que parecia afetar tanto a visão quanto a audição. Não se percebia energia na glândula pituitária; etericamente, ela estava ausente. O cérebro etérico indicava que o campo etérico tinha sido de um modo geral afetado. Ele estava caído por todo o corpo, inclusive na coluna vertebral etérica e na parte posterior do pescoço.

O pâncreas etérico era cinza e continha áreas opacas.

Correlação: Excelente. A correlação entre a situação clínica da glândula pituitária e as observações clarividentes estava 100% correta, indicando que a glândula estava ausente. Além disso, o esmorecimento do campo etérico ao longo da coluna vertebral e da parte posterior do pescoço era exato, pois a paciente sofrera uma laminectomia na região torácica superior.

O caso de NS

Histórico da Doença:
1949 — Diabetes insipidus[2]
   Sede, poliúria, nervosa, irrequieta, apreensiva, fortes dores de cabeça na região occipito-parietal-direita estendendo-se para a testa, que ocorreram seis meses depois no nascimento de uma criança.

---

2. O Diabetes Insipidus é uma perturbação crônica do sistema neuro-hipofisário decorrente de uma deficiência de casopressina (ADH). Todas as lesões patológicas associadas ao diabetes insipidus envolvem os núcleos hipotalâmicos — o supra-ótico e o paraventricular — ou grande parte do pedículo da pituitária. Uma das causas é a pós-hipofisectomia. Os sintomas são uma excreção excessiva de grandes quantidades de urina muito diluída porém normal, além de sede excessiva.

1953 — Doença de Hans-Schuller-Christian[3] — recebeu tratamento de raios X no crânio. Osteomielite do íleo esquerdo que começou 14 anos antes. Um nódulo mole na área temporal esquerda e na occipital direita. A radiografia apresentou áreas osteolíticas múltiplas no crânio com surgimento de novas lesões. Sela Túrcica bastante anormal. A paciente recebeu 2 unidades de Pitressina por via intramuscular.

1954 — Leve edema no nervo óptico.

1956 — Podiam ser sentidas depressões no crânio.

1960 — A doença permaneceu num estado estacionário. Fígado palpável, pressão sangüínea 14:8. Paciente em uso de pitressina e fenobarbital.

Chakra Frontal Etérico

Características	Pétalas	Núcleo
Cor	Cinza	Cinza
Ritmo	Disritmia Variável	Disrítmico e espasmódico no ponto de vazamento: 12 horas
Velocidade	Variável; entre média e lenta	Mais rápida que a das pétalas
Tamanho	Normal	Normal
Forma	Voltada para baixo	Periferia irregular
Elasticidade	Acima da média	Acima da média
Textura	Frouxa e espessa	Frouxa e espessa

Função: Este chakra é anormal, como o demonstram sua cor cinza, seu núcleo irregular, o vazamento nas 12 horas, bem como a frouxidão e espessamento dos elementos etéricos.

Glândula Pituitária: A periferia era mais mole e mais esticada. O centro da glândula era mais ativo, e o lado direito ainda mais ativo do que o esquerdo. A glândula pituitária parecia presente.

Sistema Ósseo: Os ossos do alto da cabeça na região da fontanela davam a impressão de ser de um tipo mais espesso, que DVK chamava de "osso mais ósseo". Os ossos pareciam mais duros do que os da pessoa normal, dando a DVK a impressão de serem opostos aos ossos que ela observou no caso da doença de Paget (veja página 169), em que os ossos pareciam "farelentos". A elasticidade dos ossos se afigurava ausente. Os ossos se apresentavam mais duros, mas de espessura não uniforme. Essa "ossidade" aumentada só ocorria em certos trechos.

Glândula Tireóide: Parcialmente hiperativa.

Correlação: Excelente. As observações de DVK estavam certas, correspondendo precisamente ao laudo médico. Sua afirmação de que a glândula pituitária estava presente era correta. Sua descrição da qualidade óssea era compatível com as observações clínicas.

---

3. Metade dos pacientes que sofrem da doença de Hans-Schuller-Christian desenvolvem diabetes insipidus. Alguns em função do envolvimento hipotalâmico apresentam uma redução do hormônio de crescimento. Existe às vezes um tipo multifocal de granuloma eosinofílico. Os pacientes normalmente são tratados com prednisona e radiação.

O caso de JW

Histórico da Doença:
1956 – Bócio tóxico difuso tratado com iodo radioativo e Tapazol.
1959 – Mastectomia radical esquerda decorrente de carcinoma da mama com metástases nos gânglios linfáticos. Hipofisectomia. Paciente em uso diário de 50 mgm de Cortisona e Pitressina em aerosol.
1960 – Metabolismo basal (-24). A paciente ganhou peso.

Chakra Frontal Etérico

Características	Pétalas	Núcleo
Cor	Cinza salpicado de verde, amarelo e vermelho	Cinza com um tom mais escuro de vermelho
Luminosidade	Variável; de média a opaca com alternância de luminosidade e opacidade	Variável; de média a opaca
Ritmo	Disrítmico	Disrítmico
Velocidade	De média a lenta; movimentos vacilantes do lado direito	Variável; de média a lenta
Tamanho	Normal	Normal
Forma	Anormal; assimétrica no formato e no tamanho; periferia mal definida; pétalas voltadas para baixo; lado direito impreciso	Anormal; sem forma; aparentemente ausente
Elasticidade	Fraca	Fraca
Textura	Frouxa e espessa	Frouxa e espessa

Função: Este chakra é anormal em virtude da cor cinza que indica diminuição de energia, do vermelho que denota hiperatividade, e das cores salpicadas. A anormalidade também é indicada pela disritmia, pela forma assimétrica, e pela periferia, tão indistinta que DVK não conseguia ver onde terminava.

Glândula Pituitária: O centro da glândula parecia ausente etericamente, mas a periferia estava presente e levemente ativa. A visão estava ligeiramente afetada.

Correlação: Excelente descrição do chakra e da glândula pituitária, que fora extirpada.

O Chakra Laríngeo

O caso de EB

Histórico da Doença:
1953 — Mastectomia radical esquerda decorrente de câncer com metástases.
1956 — Hipofisectomia (Excisão cirúrgica da glândula pituitária). Paciente em uso diário de cortisona, e 62,5 mcg de pitressina. Derrame pleural esquerdo.

Chakra Laríngeo Etérico

Características	Pétalas	Núcleo
Cor	Cinza e azul	Cinza e vermelho
Luminosidade	Opaca	Opaca
Ritmo	Disrítmico: padrão interrompido	Disrítmico: padrão interrompido
Velocidade	Variável: acima da média a lenta	Variável: acima da média a lenta
Tamanho	Normal	Normal
Forma	Normal, porém voltada para baixo	Periferia irregular
Elasticidade	Variável: de média a fraca	Variável: de média a fraca
Textura	Fina e grosseira	Fina e grosseira

Função: O chakra laríngeo é anormal conforme o demonstram as cores cinza e vermelha, a periferia irregular, a disritmia e a leve indicação de que a energia do núcleo estava se deslocando em direções opostas.

Mama Esquerda: O campo geral etérico era de aparência opaca sem qualquer indício de energia.

Glândula Tireóide: Somente uma parcela tanto da parte esquerda quanto da direita da glândula tireóide estava em atividade. A metade superior de ambos os lados parecia opaca em comparação com a região inferior da tireóide. A luminosidade da glândula também estava desequilibrada.

Pernas: O campo etérico geral das pernas da paciente estava afetado.

Correlação: Excelente correlação entre as anormalidades observadas neste chakra e os dados clínicos. A região da mama esquerda estava opaca porque esta fora removida em virtude do câncer. As observações de DVK sobre a glândula tireóide estavam corretas.

O caso de MDL

Histórico da Doença:
1941 — Amigdalectomia
Extração de cisto ovariano.
1951 — Bócio nodular, benigno, não-tóxico, lado esquerdo aumentado. Tireoidectomia subtotal (adenoma benigno da tireóide; áreas patológicas apresentam fibrose e calcificação). Dificuldade respiratória decorrente de hemorragia. Paralisia medular bilateral, que necessitou de uma traqueostomia.
1952 — Sintomas de hipotireoidismo e de hipoparatireoidismo.
1960 — Dores de cabeça, pele ressecada, sensação de ardor na perna direita. Hipoparatireoidismo não controlado.
A paciente recebeu Vitamina D, cálcio e extrato tireoideano.

Chakra Laríngeo Etérico

Características	*Pétalas*	*Núcleo*
Cor	Cinza e azul; bordas mate e centro mais brilhante	Cinza e vermelho
Luminosidade	De média a opaca	De média a opaca
Ritmo	Disrítmico do lado esquerdo	Disrítmico
Velocidade	De média a lenta	De rápida a lenta
Tamanho	Normal	Normal
Forma	Normal, levemente voltada para baixo	Periferia irregular
Elasticidade	Acima da média	Acima da média
Textura	Grosseira e frouxa	Grosseira e frouxa

Função: Este chakra é anormal. A cor vermelha indica hiperatividade, e a cinza hipoatividade.
Glândula tireóide: Indica que foi parcialmente removida e apresenta hipofuncionamento.
Paratireóides: Estão semi-ativas. DVK achava que elas já tinham sido hiperativas, mas na ocasião do exame apresentavam hipoatividade.
Pescoço: Havia extrema tensão em volta do pescoço, com vazamento etérico.
Correlação: Excelente. A observação de que parte da tireóide fora extraída estava correta, bem como a de que havia hiperatividade apesar da cirurgia.

O caso de SA

Histórico da Doença:
1959 — Tumor no pescoço, cansava-se com facilidade. Nódulo encontrado na tireóide.

1960 — Tireoidectomia subtotal bilateral.
Aumento de peso, câimbras nas mãos, pulso 60, pele aquecida, cabelo em forma de penugem. Paciente em uso de Dexamyl e T3.

Chakra Laríngeo Etérico

Características	Pétalas	Núcleo
Cor	Cinza e azul	Um tom mais escuro de cinza
Luminosidade	Opaca	Opaca
Ritmo	Disrítmico, concentrado no lado direito	Disrítmico, muito lento, e depois rápido
Velocidade	De média a muito lenta	De média a lenta
Tamanho	Normal	Normal
Forma	Fora do normal: voltada para baixo; um pequeno vórtice numa das pétalas deslocando-se no sentido anti-horário	Periferia denteada
Elasticidade	Fraca	Fraca
Textura	Grosseira e frouxa	Grosseira e frouxa

Função: O chakra é anormal.

Glândula Tireóide: Flácida; nível de energia extremamente baixo, como se extinto.

Paratireóide: Dois lóbulos paratireoideanos pareciam ativos, mas as paratireóides eram de um modo geral hipoativas.

Campo Etérico Geral: A energia etérica distribuída pela superfície de todo o campo etérico tinha uma aparência granulada e arenosa fora do comum, que mergulhava fundo também no corpo físico. Essa condição estava presente principalmente nas pernas e no pescoço.

Glândulas Supra-renais: Ocorriam flutuações espasmódicas no ritmo de energia etérica, o qual parecia estar fortemente ligado às emoções.

Correlação: Boa. A impressão de DVK era que a paciente tinha fortes problemas emocionais relacionados com o sexo. Rupturas no chakra laríngeo astral talvez fossem a causa das perturbações etéricas. Ela era o tipo de paciente capaz de tomar mais extrato tireoideano do que a pessoa comum.

O caso de RS

Histórico da Doença:
1948 — Os sintomas incluíam dores em várias partes do cérebro, principalmente no parietal direito.

1949 – Doença de Paget[1] BMR (mais 36). Taquicardia. Diagnóstico clínico, hipertireoidismo, mas não foi administrada qualquer terapia.

1952 – Aumento dos pêlos da face, turvação da visão, dor na região lombar superior, aumento da cabeça. O raio X mostrou uma sombra calcificada questionável de L2 do lado direito.
Cálcio Sérico – 11,5 mgm %
Fósforo – 2,4 mgm %
Fosfatase Alcalina – 54,6 mgm %
Hemitireoidectomia esquerda (linfo adenoma da tireóide)
Paratireóide esquerda permaneceu no lugar.
Paratireóide direita extirpada em decorrência de adenoma.

1960 – Fraqueza generalizada, dor nos ossos, cálculo renal direito, perda de 7 kg de peso, arritmia cardíaca. Foi sentida no quadrante inferior direito uma formação do tamanho de um punho, de natureza ignorada.

Chakra Laríngeo Etérico

Características	Pétalas	Núcleo
Cor	Cinza e azul	Cinza com manchas vermelhas
Luminosidade	Opaca	Opaca
Ritmo	Disrítmico	Disrítmico
Velocidade	Variável: de lenta a média	Lenta
Tamanho	Normal	Normal
Forma	Normal	Periferia mal definida; desaparece
Elasticidade	Fraca	Fraca
Textura	Frouxa	Frouxa

Função: Este chakra era anormal. A atividade do vórtice havia diminuído.

Glândula Tireóide: Parecia parcialmente "morta"; muito pouco estava presente. Fora provavelmente extraída.

Glândulas Paratireóides: Não estavam funcionando normalmente; a situação estava pior no lado direito do que no esquerdo. O lado direito apresentava hiperatividade.

DVK era da opinião de que o paciente tivera uma doença das paratireóides. Ela teve essa impressão por causa da intensidade da energia nas glândulas, que parecia oscilante e desequilibrada com relação à energia da tireóide. Dois dos lóbulos paratireoideanos pareciam se sobressair etericamente, irradiando uma luminosidade mais intensa.

1. A Doença de Paget (Osteíte Deformante) é uma doença óssea das pessoas idosas, que apresenta inflamação crônica dos ossos, resultando não apenas no espessamento como também no amolecimento dos ossos, que podem se tornar curvos. Sua etiologia é desconhecida. O traço característico é o aumento da reabsorção do osso acompanhada de uma intensificação da formação óssea. Os níveis da fosfatase alcalina plasmática são elevados. São comuns os cálculos renais, e a hipercalcemia às vezes está presente. Os ossos afetados são a pelve, o fêmur, o crânio e as vértebras. Ocorre também uma alteração no tamanho da cabeça.

Crânio: do lado direito do crânio perto do osso parietal, o osso parecia "adelgaçado". As mesmas características também foram encontradas, porém em menor grau, na parte posterior da cabeça e nos ossos da coluna vertebral e das pernas. A estrutura dos ossos parecia "farelenta". Num osso normal, a textura etérica tem uma aparência dura e espessa, porém neste paciente os ossos pareciam ser formados por pequenos pedaços semelhantes a migalhas de pão. "Não havia osso suficiente" do lado direito da cabeça. Esta não parecia completa, tendo uma aparência fina e granulosa.

O centro alta maior, encontrado no bulbo raquidiano, não estava funcionando adequadamente, comportando-se de forma espasmódica.

Chakra Umbilical: uma cor cinza invulgar estava presente no núcleo deste chakra, que era ao mesmo tempo disrítmico e lento.

Supra-renais: Apresentavam hipofuncionamento, e a função do fígado estava lenta.

Rins: O rim esquerdo parecia bem, mas havia indícios de um cálculo friável. O rim direito, além de apresentar o mesmo "material farelento", não estava funcionando normalmente.

Trato Intestinal: Na parede intestinal podia ser visto, parcialmente, o mesmo material "farelento". A função estava lenta.

Correlação: Excelente, especialmente quanto ao comentário a respeito do estado dos ossos.

O caso de BW

Histórico da Doença:
1948 — Mastite fibrosa na mama esquerda.
1952 — Sintomas de hipotireoidismo.
1954 — Lobectomia da tireóide esquerda em decorrência de bócio nodular. O laudo patológico apresentou um bócio benigno com abundante infiltração linfóide.
1959 — Paciente queixava-se de irritabilidade, sensação de frio, fadiga, secura na pele, perda de pêlo pubiano e axilar.
1960 — Hipotireoidismo, obesidade. Paciente em uso de 75 mcg de Cytomel. Considerado posteriormente eutiroidiano. Metabolismo basal -22.

Chakra Laríngeo Etérico

Características	Pétalas	Núcleo
Cor	Cinza, azul, laranja-vermelho	Cinza e vermelho
Luminosidade	De média a opaca	De média a opaca
Ritmo	Disrítmico	Disrítmico
Velocidade	Rápida	
Tamanho	Normal	Normal
Forma	Voltada para baixo	Sem nitidez
Elasticidade	Fraca	Fraca
Textura	Frouxa	Frouxa

Função: Este chakra era anormal.
Glândula Tireóide: O centro da tireóide etérica parecia duro e "tenso".
Correlação: Excelente.

Observamos neste caso que embora a glândula tireóide tivesse sido parcialmente extirpada e o hormônio tireoideano estivesse abaixo da média, o que requeria o uso de Cytomel, o centro laríngeo etérico ainda apresentava hiperatividade e anormalidade.

O Chakra do Coração

O caso de MT

Histórico da Doença:
O coração de MT, de 76 anos, estivera muito aumentado durante dez anos, sem que isso acarretasse sintomas de insuficiência cardíaca, inchação nos pés, ou falta de ar. A pessoa permanecera bastante ativa.

Em agosto de 1985, decidiu-se fazer uma punção no pericárdio, do qual foram aspirados 300 cc de fluido. Embora este estivesse límpido e os testes bacteriológicos fossem negativos, o paciente recebeu um medicamento antiinflamatório durante duas semanas. Radiografias tiradas seis semanas mais tarde mostraram que a melhora apresentada logo depois da aspiração do pericárdio permaneceu constante.

No dia 27 de setembro de 1985 DVK observou o chakra cardíaco do paciente.

Cor — dourado, porém com alguma variação.
Velocidade — alguma disritmia e variação.
Textura — relativamente grosseira.
Forma — ligeiro adelgaçamento na periferia do centro.

Observando o coração e a membrana pericárdica, DVK informou que o coração estava ligeiramente aumentado, que era normal para a pessoa. Além disso, havia um espessamento da membrana pericárdica externa que provavelmente já existia há muito tempo, podendo ser até uma anomalia congênita. Não havia evidência de um estado inflamatório nem tampouco de infecção.

A impressão de DVK era que o coração era maior do que o normal e que a membrana pericárdica era muito justa, e por conseguinte a fricção que ocorria entre o coração e a membrana durante a contração produzia o aumento do fluido na cavidade pericárdica. A vitalidade geral do corpo etérico era muito boa.

Correlação: Boa. O comentário de DVK com relação à ausência de infecção ou inflamação foi constatado clinicamente.

O Chakra Umbilical

O caso de PT

Histórico da Doença:

1930 – Tornou-se emotiva, chorava com facilidade, passou a apresentar tendência suicida.

1948 – Sensação de fraqueza, coordenação deficiente, entorpecimento, formigamento, maior adiposidade em volta da cintura escapular; aumento de apetite, fácil cansaço. A face ficou redonda e o pescoço gordo, ocorrendo hipertensão e edema nos tornozelos. Começaram a surgir pêlos no rosto; cabelo seco e ralo. Diagnosticado como síndrome de Cushing.

1950 – Excisão subtotal da glândula supra-renal direita. Alguns meses mais tarde, foi realizada uma supra-renalectomia total esquerda.

1960 – A paciente melhorara a partir da operação. Não estava usando qualquer medicamento a não ser quando tinha uma infecção e era obrigada a tomar cortisona.

O Chakra Umbilical

Características	Pétalas	Núcleo
Cor	Amarelo e Vermelho	Amarelo, vermelho e cinza
Luminosidade	De média a opaca	Média
Ritmo	Acentuadamente disrítmico	Acentuadamente disrítmico
Velocidade	De média a lenta	De média a lenta
Tamanho	Normal	Normal
Forma	Normal	Normal
Elasticidade	Fraca	Fraca
Textura	Frouxa	Frouxa

Função: A função deste centro era anormal. A cor cinza do núcleo é incomum, e as grandes variações na cor das pétalas, de escura a pálida, bem como em sua intensidade, indicavam a ausência de uniformidade. Por exemplo, uma pétala era verde e laranja, e a seguinte, apesar de ter a mesma coloração, exibia um tom mais escuro ou mais claro. Do mesmo modo, a luminosidade apresentava muitos contrastes e variações. A disritmia tinha a forma de uma convulsão que ocorria a cada volta do chakra; esta situação estava presente tanto nas pétalas quanto no núcleo. O movimento variava de médio a lento. O vazamento no núcleo aparecia no lado esquerdo, na metade do seu trajeto na direção da coluna vertebral.

As Supra-renais e a Pituitária: A supra-renal esquerda parecia ter sido extirpada; nas palavras de DVK: "Parte da supra-renal não está presente." Ela percebeu a supra-renal direita como anormal: a parte externa parecia superativa e a interna subativa.

A energia na glândula pituitária parecia fraca. O ovário esquerdo se mostrava escuro e sua energia não era visível. A impressão global de DVK era que a glândula pituitária se assemelhava à de outro caso com pan-hipopituitarismo idiopático. De um modo geral, a paciente parecia estar endocrinologicamente equilibrada porque o corpo se adaptara a esse estado. Havia uma dúvida quanto ao fato da paciente ter ou não um tipo incomum de diabetes.

Correlação: Tendo em vista a complexidade do problema, a correlação foi relativamente boa.

O caso de NT

O Campo Etérico Geral

Cor — Azul-acinzentado, com alterações no plexo solar
Forma — Caída na região do plexo solar
Textura — Levemente porosa e fragmentada no plexo solar, espessa no **tórax**.

Função: A função geral apresentava um entrelaçamento incomum entre a energia etérica e a emocional. Havia "áreas abertas" no corpo emocional, e em cada um desses pontos o campo etérico se mostrava mais adelgaçado. Esses locais ralos do campo tendiam a ser hipersensíveis quando a energia do paciente estava baixa. Isso por sua vez dava origem a muitos tipos de sintomas transitórios e/ou dores nessas regiões, nenhum dos quais parecia ter uma causa orgânica.

DVK descreveu a situação como um "espaço vulnerável" que não estava sendo protegido do trauma exterior, o que tornava o paciente sensível a vários sintomas neurológicos.

O corpo astral estava muito implicado no processo; estava "aberto" com lacunas, caracterizando-se por uma interação peculiar com o campo etérico. Embora fosse mais brilhante do que a média, suas cores eram mais escuras, com movimentos impetuosos que indicavam surtos de emoção.

Chakra Coronário: Função variável. A substância etérica estava mais densa do que o normal. Havia disritmia sobre a cabeça, e as variações no movimento eram provavelmente associadas a dores de cabeça e a uma sensação de embotamento. O fluxo de energia não era constante, resultando em tensão com períodos de baixa energia.

Glândulas pineal e pituitária: Não estavam em equilíbrio.

O Chakra Frontal

Cor — Grossa faixa amarela revezando-se com azul e um amarelo mais desbotado
Forma — Anormal do lado esquerdo, com vazamento

Função: Variável, variando de positiva a negativa. O padrão anormal de cores indicava que a capacidade mental do paciente para o trabalho era errática. Durante a concentração mental, o amarelo dourado era forte, porém sua capacidade espasmódica; ele tinha a tendência de se cansar facilmente em virtude do vazamento da energia etérica. Ele era capaz, entretanto, de ter lampejos de "percepção interior", o que o ajudava a descortinar as correlações existentes num problema.

Havia uma ligação incomum entre os corpos emocional e físico; a pessoa era muito sensível ao som.

Tireóide e supra-renais: Não funcionavam juntas em harmonia.

O Chakra Umbilical

Características	*Pétalas*	*Núcleo*
Cor	Vermelho, laranja	Um tom mais escuro de vermelho
Luminosidade	Média	Média
Ritmo	Disrítmico	Disrítmico
Velocidade	De rápida a lenta	De rápida a lenta
Tamanho	Maior do que o normal	Maior do que o normal
Forma	Normal	Sem nitidez
Elasticidade	Acima da média	Acima da média
Textura	Grosseira e frouxa	Grosseira e frouxa

Função: Este centro era hiperativo e instável.

O tom mais escuro de vermelho no núcleo indicava que a pessoa tinha sentimentos muito fortes que costumava enfatizar. A disritmia pode ter sido induzida por essa vulnerabilidade às emoções dos outros indivíduos. Sua energia tendia a se exaurir através desse centro. Seu fluxo era constantemente interrompido, o que por sua vez afetava sua digestão. Sua energia etérica era drenada do seu plexo solar devido a um outro fator: sua associação íntima com uma pessoa deprimida (sua esposa). Ela literalmente sugava sua energia e reduzia seu fluxo.

Seu principal problema era sentir as emoções das outras pessoas com tal intensidade a ponto de se tornar incapaz de distinguir entre seus próprios sentimentos e os delas. O núcleo do plexo solar etérico ficou disrítmico e obstruído em virtude de acompanhar o ritmo das pessoas à sua volta. Durante a infância, esse processo se manifestou através de crises de raiva, causadas pelo fato de ele ser esmagado pelas emoções dos outros.

Chakra do baço: O fluxo de energia que percorria esse chakra era variável, como também o era o do baço para o plexo solar. Esse fluxo instável interferia com a energia do estômago, causando amiúde problemas digestivos.

Coluna Vertebral: Havia vários lugares na coluna vertebral etérica que não funcionavam adequadamente. Em aproximadamente cinco centímetros da parte central (*sushumna*) a energia parecia desaparecer gradualmente. Em alguns lugares havia um tom mais claro de amarelo, existindo ainda regiões bloqueadas nas quais o fluxo de energia parecia intumescido e lento.

O Chakra Esplênico ou do Baço

O caso de LS

Histórico:
A paciente era conferencista e comentarista dos meios de comunicação, tendo prestado serviços profissionais durante a Segunda Guerra Mundial e considerada uma pessoa de confiança além de extremamente competente. Suas previsões a respeito dos movimentos do inimigo eram tão precisas que lhe proporcionaram um grande mérito. Ela nos disse que um mapa do campo de batalha se apresentava diante de seus olhos, o que lhe permitia descortinar as bandeiras dos países e a direção de seus movimentos. Ela reinterpretava então os noticiários segundo suas impressões visuais.

Sem nada saber a respeito da sua profissão, DVK apresentou uma excelente descrição do seu potencial para imagens mentais.

Histórico da Doença:
Seu principal problema era a alergia a determinados medicamentos, além de uma tendência para a anemia.

O Chakra Coronário

Características	*Pétalas*	*Núcleo*
Cor	Amarelo, azul	Azul mais brilhante
Luminosidade	Brilhante	Brilhante
Ritmo	Raramente disrítmico	Rítmico
Velocidade	Acima da média	Acima da média
Tamanho	Normal	Normal
Forma	Normal	Variável, apertada ou larga
Elasticidade	Acima da média	Mais elástica do que as pétalas
Textura	Compacta, delicada	Compacta, delicada

Função: Este centro estava dentro da amplitude normal. Era bastante ativo, indicando uma mente viva e sensível, com grande capacidade para empreendimentos intelectuais. Ela tinha uma habilidade maior de se concentrar do que de meditar, o que era indicado pela luminosidade e presença da cor azul.

O Chakra Frontal

Características	Pétalas	Núcleo
Cor	Vermelho, amarelo, azul	Vermelho, amarelo, azul
Luminosidade	Acima da média	Acima da média
Ritmo	Rítmico	Levemente disrítmico
Velocidade	Acima da média	Acima da média
Tamanho	Normal	Normal
Forma	Normal	Normal
Elasticidade	Média	Média
Textura	Compacta, delicada	Compacta, delicada

Função: Este centro era normal e ativo. LS possuía uma excelente capacidade de visualização, bem como sensitividade psíquica. Costumava ter lampejos de visão, ou clarividência, mas isso não era vivenciado de forma firme ou constante. (Esta observação foi confirmada pela paciente.)

Glândula Pituitária: Normal. Havia algum relacionamento entre esta glândula e a tireóide.

O Chakra Laríngeo

Características	Pétalas	Núcleo
Cor	Azul-prateado	Azul-prateado
Luminosidade	Acima da média	Acima da média
Ritmo	Variável	Variável
Velocidade	Média	Acima da média, porém variável
Tamanho	Normal	Normal
Forma	Normal	Vazamento bastante leve
Elasticidade	Acima da média	Acima da média
Textura	Compacta, delicada	Compacta, delicada

Função: Este centro era normal.

Glândula Tireóide: Sua função era variável, podendo ser às vezes hiperativa, o que a tornava tensa. "As coisas andam muito rápido com ela."

O Chakra Cardíaco

Características	Pétalas	Núcleo
Cor	Amarelo	Realmente dourado
Luminosidade	Acima da média	Acima da média
Ritmo	Rítmico	Leve disritmia (Rápido/lento)
Velocidade	Média	Média
Tamanho	Normal	Normal
Forma	Levemente aumentada	Normal
Elasticidade	Média	Média
Textura	Compacta, delicada	Compacta, delicada

O Chakra Umbilical

Características	Pétalas	Núcleo
Cor	Vermelho-rosado	Cor-de-rosa, amarelo
Luminosidade	Acima da média	Acima da média
Ritmo	Variável	Disrítmico
Velocidade	De média a lenta	Rápida
Tamanho	Maior do que a média, contorno variável	Mais largo do que o normal
Forma	Normal	Mais larga do que a média, ligeiro vazamento
Elasticidade	Acima da média	Acima da média
Textura	Compacta	Compacta

Função: Este era o centro básico da sua sensitividade psíquica. Ela usava este centro a seu bel-prazer quando desejava responder às pessoas sob o aspecto da qualidade de sentimento. Através dele, era capaz de enfrentar muitas situações críticas.

Havia uma tendência a perturbações digestivas por causa dessa sensitividade.

Correlação: A pessoa em estudo confirmou a sensitividade e o problema digestivo.

O Chakra do Baço

Características	Pétalas	Núcleo
Cor	Cor-de-rosa, vermelho com variações	Amarelo-avermelhado
Luminosidade	Média	Média
Ritmo	Disrítmico	Disrítmico
Velocidade	Média	Abaixo da média
Forma	Levemente voltada para baixo	Sem nitidez, leve vazamento
Elasticidade	Média baixa	Média baixa
Textura	Compacta, delicada	Compacta, delicada

Função: Este centro estava ligeiramente afastado do normal. Havia variações na cor das pétalas, e seu empalidecimento indicava flutuação de vitalidade. Nessas ocasiões a paciente não obtinha energia etérica suficiente.

Os canais do corpo etérico entre este chakra e o chakra umbilical eram variáveis, aparentemente finos em alguns lugares, o que afetava a vitalidade, a formação do sangue e a função dos rins.

A função deste centro era mais lenta quando comparada com a dos outros chakras etéricos.

A Consciência

O caso de PCK: esquizofrenia

O Chakra Coronário Etérico

Características	Pétalas	Núcleo
Cor	Cinza e azul	Cinza-escuro
Luminosidade	Opaca	Opaca
Ritmo	Disrítmico	Disrítmico
Velocidade	De média a lenta	Lenta
Tamanho	Menor do que a média	Menor do que a média
Forma	Anormal: Periferia denteada, caída	Sem nitidez: dividida na parte anterior/posterior
Elasticidade	Fraca	Fraca
Textura	Grosseira e frouxa	Grosseira e frouxa

Função: Este centro é anormal. A cor cinza e as nuvens dessa mesma cor em volta do centro transmitem um sentimento de depressão, e sua presença tanto nas pétalas quanto no núcleo indicam que o paciente está separado do seu eu superior. Existe uma grave anormalidade no núcleo, podendo ser vista uma divisão em todo o centro da posição anterior à posterior. É bem possível que haja um leve vazamento no núcleo, que não está nitidamente definido.

Glândula Pineal: Funcionamento deficiente. Não havia qualquer ligação com a glândula pituitária.

Tálamo: Existiam impulsos irregulares na transmissão de energia etérica que algumas vezes retardavam o ritmo.

O Chakra Frontal Etérico

Características	Pétalas	Núcleo
Cor	Cinza, vermelho e verde	Cinza e vermelho
Luminosidade	Opaca	Opaca
Ritmo	Disrítmico	Disrítmico
Velocidade	De média a lenta	De média a lenta
Forma	Anormal, periferia irregular permeada	Dividida na parte anterior/posterior,

	por faixas peculiares de normalidade; manchas cinzas; pétalas voltadas para baixo	com as margens irregulares; algum vazamento
Elasticidade	Fraca	Fraca
Textura	Grosseira e frouxa	Grosseira e frouxa

Função: Anormal, como o demonstram as faixas peculiares interpostas entre as áreas normais. As manchas cinzas não são saudáveis, e a divisão no centro numa posição anterior/posterior também é anormal.

A percepção está afetada. A capacidade de visualizar, o ritmo bem como o tálamo parecem afetados.

O Chakra Laríngeo Etérico

Características	*Pétalas*	*Núcleo*
Cor	Azul e cinza	Azul-escuro, quase negro
Luminosidade	Opaca	Opaca
Ritmo	Disrítmico	Disrítmico
Velocidade	De média a lenta	De média a lenta
Tamanho	Normal	Normal
Forma	Voltada para baixo	Sem nitidez; vazamento no ponto das 6 horas
Elasticidade	Fraca	Fraca
Textura	Grosseira, frouxa	Grosseira, frouxa

Função: Afastada do normal. O núcleo azul-escuro, quase negro, indica uma separação do eu superior.
Glândula Tireóide: Função variável.

O Chakra Umbilical Etérico

Características	*Pétalas*	*Núcleo*
Cor	Amarelo, cinza, vermelho	Vermelho
Luminosidade	Muito opaca	Muito opaca

Função: A cor vermelha indica raiva; suas emoções assumiram o controle e tinham a tendência de atuar a partir deste chakra. Havia uma transferência da sede da consciência da cabeça para o plexo solar. A cor cinza indica um funcionamento inadequado.

O caso de VPN

O Chakra Coronário Etérico

Características	*Pétalas*	*Núcleo*
Cor	Azul-amarelado	Dourado e azul

Luminosidade	Acima da média	Acima da média
Ritmo	Normal	Normal
Velocidade	Acima da média	Acima da média
Tamanho	Maior do que a média	Maior do que a média
Forma	Ereta	Nítida
Elasticidade	Acima da média	Acima da média
Textura	Compacta, firme, fina	Compacta, firme, fina

Função: Este centro é normal. A cor amarela indicava uma excepcional capacidade de visualização. Os chakras coronário e frontal estavam interligados.

Glândula Pineal: Funcionava acima da média, estimulada pelo fluxo de energia transmitido do centro coronário. Foram observados o azul-escuro e o azul-real na glândula pineal, indicando que uma grande **quantidade de energia** etérica estava entrando e saindo dessa glândula. A própria pineal era maior e mais ativa do que o normal.

O Chakra Frontal Etérico

Características	*Pétalas*	*Núcleo*
Cor	Amarelo, vermelho	Amarelo-alaranjado
Luminosidade	Média alta	Média alta
Ritmo	Rítmico	Rítmico
Velocidade	Acima da média	Acima da média
Tamanho	Maior do que a média	Maior do que a média
Forma	Normal, ereta	Normal, nítida
Elasticidade	Acima da média	Acima da média
Textura	Compacta, firme	Compacta, firme

Função: Este centro era normal. A cor amarela indicava uma excepcional capacidade de visualização e de concentração mental. Havia uma interligação entre o núcleo do chakra frontal e a glândula pineal. O chakra também indicava que a pessoa praticara regularmente muita meditação. Tudo o que se relacionava com esse centro era bastante harmonioso, apresentando uma sensibilidade que era empregada no trabalho criativo. A pessoa tinha muito autodisciplina e poder de concentração, o que era demonstrado pela firmeza do centro. A excepcional luminosidade da cor amarela indicava a capacidade de expandir a consciência. A interligação e o grau de harmonia entre os centros coronário e frontal caracterizavam a habilidade telepática.

Glândula Pituitária: A função dessa glândula era firme e constante.

O Chakra Laríngeo Etérico

Características	*Pétalas*	*Núcleo*
Cor	Azul-prateado	Azul-violeta mais escuro
Luminosidade	Acima da média	Acima da média

Ritmo	Variável	Rítmico
Velocidade	De média a lenta	De rápida a lenta
Tamanho	Normal	Normal
Forma	Levemente voltada para baixo	Leve vazamento
Elasticidade	Acima da média	Acima da média
Textura	Fina, ligeiramente frouxa	Fina

Função: As variações de cor indicavam um distúrbio na função. O leve vazamento demonstrava um desvio com relação ao normal e um ponto fraco no corpo físico. Ela usava muita energia através da voz quando conversava com as pessoas ou falava em público. Pessoas que costumam exaurir os outros tendiam a sugar energia do seu centro laríngeo.

Correlação médica: Em 1976, depois de um grave sangramento no estômago que exigiu a excisão parcial do estômago e do duodeno, surgiu uma inchação temporária do lobo esquerdo da tireóide. Quando a saúde se restabeleceu, a inchação desapareceu.

Glândula Tireóide: Sua função era instável, e o nível de energia etérica variável.

Chakra Cardíaco Etérico

Características	Pétalas	Núcleo
Cor	Amarelo-dourado	Amarelo-dourado
Luminosidade	Acima da média	Acima da média
Ritmo	Normal	Normal
Velocidade	Acima da média	Acima da média
Tamanho	Médio	Médio
Forma	Curvada para cima	Normal
Elasticidade	Média	Acima da média
Textura	Fina	Fina

Função: Este centro era normal. Havia indícios de que o coração físico não funcionara perfeitamente no passado. Este fato estava relacionado com a circulação. Se a tireóide apresentasse fisiologicamente uma melhora, ajudaria o problema cardíaco. A luminosidade e a cor indicavam que a pessoa já meditava há muito tempo. Existia algum relacionamento entre os centros laríngeo e cardíaco.

O Chakra Umbilical Etérico

Características	Pétalas	Núcleo
Cor	Amarelo, vermelho, verde	Laranja-escuro, vermelho
Luminosidade	Acima da média	Acima da média
Ritmo	Normal	Normal
Velocidade	Variável, média	Rápida a média

Tamanho	Acima da média	Acima da média
Forma	Ligeiramente voltada para baixo	Normal
Elasticidade	Abaixo da média	Abaixo da média
Textura	Fina	Fina

Função: O leve desvio com relação ao normal era indicado por alterações do movimento e das cores, cujos tons variavam do pálido ao escuro. O sistema digestivo fora afetado durante toda sua vida, o que fazia com que digerisse mal as gorduras.

Correlação médica: Correta. Em 1976 foi necessária a excisão cirúrgica do estômago, conforme observado acima.

Chakra Raiz Etérico

Características	*Pétalas*	*Núcleo*
Cor	Laranja, dourado	Dourado
Luminosidade	Acima da média	Acima da média
Ritmo	Rítmico	Rítmico
Velocidade	Acima da média	Acima da média
Forma	Normal, ereta	Normal, nítida
Elasticidade	Média	Média
Textura	Compacta	Compacta

Função: A função estava normal, com desenvolvimento acima da média conforme indicado pela sua luminosidade e atividade, o que demonstra que a pessoa costumava meditar.

Glândulas Supra-renais: De um modo geral em bom estado, porém forçadas à capacidade máxima da sua função.

O Corpo Astral

Não foram encontrados distúrbios no corpo astral. Ela havia feito um avanço do estado de controlar as emoções para o de "desapego". Por conseguinte, não se percebiam verdadeiros problemas emocionais, somente as pequenas e temporárias perturbações pelas quais todos passamos. Seis ou sete anos antes ela sofrera um forte choque emocional, mas este parecia ter se dissipado; não existiam no momento indícios de qualquer envolvimento emocional.

Correlação: Correta. A pessoa tivera um casamento muito curto e feliz; o marido morrera de uma doença que durara vários meses.

O Corpo Mental

Era maior e mais brilhante do que o normal. Ela possuía um bom contato telepático com a vida à sua volta, além de se comunicar e receber um influxo do nível superior ou causal. Esta qualidade era mais um "saber" do que um sentimento, ou seja, não era uma impressão recebida através do plexo solar e sim uma intuição do nível búdico.

Os Curadores

O caso de JS

JS era um médico que descobriu na infância que ao tocar uma pessoa com dor ou sofrimento físico, suas mãos ficavam quentes apresentando um efeito calmante e confortador. Ele usava essa capacidade para confortar sua filha quando tinha cólicas, bem como para sentir o estado físico dos seus pacientes. Contudo, ele relutava muito em conversar sobre seu dom.

As observações de DVK foram as seguintes:

O Campo Etérico Geral

Cor — Azul-cinza
Luminosidade — Acima da média
Tamanho — Maior do que a média
Forma — Mais largo do lado direito, curvando-se ligeiramente para baixo do lado esquerdo perto do abdômen
Elasticidade — Acima da média
Textura — Fina, porém levemente tênue em volta do abdômen

Função: A energia etérica era mais longa em torno dos dedos das mãos, medindo mais de oito centímetros, o que indicava a capacidade de cura. O corpo etérico era mais fluido do que a média, além de muito mais extenso em volta das mãos do que o da pessoa comum. Além disso, todo seu corpo etérico era mais largo e mais fluido do que o normal. Ele era um pouco caído do lado esquerdo em torno da região abdominal.

O Chakra Coronário

Características	*Pétalas*	*Núcleo*
Cor	Azul-dourado	Maior quantidade de azul e dourado
Luminosidade	Acima da média	Média
Ritmo	Rítmico	Rítmico
Velocidade	Rápida	Média baixa

Tamanho	Normal	Normal
Forma	Normal	Normal
Elasticidade	Acima da média	Acima da média
Textura	Fina	Fina

Função: O chakra estava dentro da amplitude normal. A discrepância na velocidade do movimento entre as pétalas e o núcleo indicava que as pétalas reagiam com mais rapidez do que o núcleo. Sua meditação era conscientemente controlada.

A glândula pineal estava ativa.

O Chakra Frontal

Características	Pétalas	Núcleo
Cor	Verde e vermelho	Dourado-avermelhado
Luminosidade	Acima da média	Acima da média
Ritmo	Rítmico	Rítmico
Velocidade	Acima da média	Acima da média
Tamanho	Maior do que a média	Normal
Forma	Normal	Normal
Elasticidade	Acima da média	Acima da média
Textura	Fina	Fina

Função: Este chakra era normal. Sua cor indicava que a capacidade de clarividência não era constante, e que o sentimento intuitivo era mais comum. O amarelo dourado no núcleo indica a capacidade de visualização combinada tanto com o pensamento racional quanto com o reflexivo.

Glândula Pituitária: Normal.

O Chakra Laríngeo

Características	Pétalas	Núcleo
Cor	Amarelo e dourado	Amarelo e dourado
Luminosidade	Acima da média	Acima da média
Ritmo	Rítmico	Rítmico
Velocidade	Acima da média	Acima da média
Tamanho	Levemente maior do que a média	Levemente maior do que a média
Forma	Normal	Normal
Elasticidade	Acima da média	Acima da média
Textura	Fina	Fina

Função: O chakra estava dentro da amplitude normal, indicando porém o hábito da meditação. Havia equilíbrio entre o chakra coronário etérico, o frontal e o cardíaco.

Glândula Timo: O padrão de energia etérica era irregular.

O Chakra Umbilical

Características	Pétalas	Núcleo
Cor	Vermelho e verde	Avermelhado, laranja e amarelo
Luminosidade	Acima da média	Média
Velocidade	Muito rápida e lenta	Muito rápida e lenta
Tamanho	Maior do que o normal	Maior do que o normal
Forma	Normal	Sem muita nitidez
Elasticidade	Acima da média	Acima da média
Textura	Fina, levemente frouxa	Fina, levemente frouxa

Função: Este chakra não era bem normal. Sua velocidade não era equilibrada e ele não estava funcionando tão bem quanto os outros centros. Era através deste último que atuava sua sensibilidade com relação às outras pessoas — sua força e sua fraqueza. Quando na presença de pessoas emotivas ele talvez tivesse uma sensação de aperto nessa região.

Fígado: A função desintoxicante do fígado deixava a desejar, sendo a causa de parte dos seus problemas relacionados com as glândulas supra-renais.

O caso de AM

No caso da curadora AM, pedimos a DVK que a observasse enquanto tratava de um paciente que se queixava de fadiga generalizada.

AM colocou suas mãos sobre o paciente, registrando logo depois uma sensação de formigamento no corpo e nas mãos, além de uma sensação de calor. Inicialmente, o paciente nada sentiu. A curadora logo mudou a posição das suas mãos colocando-as sobre o pé direito do paciente, e em poucos minutos este último declarou estar tendo uma sensação de formigamento e de calor do lado direito do corpo. A curadora informou que sentia como se suas mãos estivessem prestes a adormecer mas sem sensação de dormência; elas estavam vivas, formigantes e quentes.

DVK observou que a sensação de calor nesse caso dependia da pessoa que estava sendo curada, uma vez que se tratava de um processo de equilíbrio. Quando AM colocava as mãos sobre o local onde havia um desequilíbrio no fluxo de energia etérica, sua energia aumentava como reação à necessidade do paciente. Isso ajudava a restabelecer o equilíbrio energético nos dois lados do corpo do paciente. A interação entre a curadora e o paciente era por conseguinte importante.

O Chakra Umbilical

Características	Pétalas	Núcleo
Cor	Cor-de-rosa, vermelho, *azul*	Vermelho e azul
Luminosidade	Acima da média	Acima da média
Ritmo	Rítmico	Rítmico
Velocidade	De rápida a média	De rápida a média

Tamanho	Maior do que o normal	Maior do que o normal
Forma	Normal	Normal
Elasticidade	Acima da média	Acima da média
Textura	Fina e áspera, levemente frouxa	Fina e áspera, levemente frouxa

Função: O azul não é comum nesse centro. Quando ela está emocionalmente perturbada a cor azul muda para cinza, o que tira sua vitalidade. Tanto a frouxidão quanto a cor azul do chakra indicam alguma sensibilidade, que fundamentalmente se manifesta num sentimento de unidade com as outras pessoas. Ela é fácil de ser atingida pelas emoções dos outros, o que a debilita e perturba. O centro umbilical também é seu ponto forte, sendo aquele que ela usa para enviar ajuda para as pessoas. Existe alguma ligação entre este centro e o chakra do coração etérico.

O caso de AC

O curador AC tomou consciência pela primeira vez da sensitividade em suas mãos quando foi capaz de aliviar a dor de uma queimadura na mão de sua tia. Ele descreveu o que sentia nas mãos como uma "sensação de calor, correntes elétricas, ou a impressão de que minhas mãos estivessem mergulhadas em óleo quente". A partir de então ele passou a observar que quando tenta curar alguém tem a sensação de que um material semelhante a uma teia de aranha se forma na ponta dos seus dedos, do qual consegue se livrar sacudindo ou lavando as mãos.

Pedimos a DVK que observasse esse fenômeno, o qual o curador procurou demonstrar num paciente. Ela informou que o campo etérico das mãos de AC estendeu-se durante o processo da cura, e que a elasticidade ao longo da ponta dos seus dedos aumentou. À medida que deslocava suas mãos para frente e para trás sobre a pessoa, ele recolhia substância etérica "suja ou turva" substituindo-a por um elemento mais vital ou de melhor qualidade. Ao sacudir as mãos, o curador se libertava desse material etérico semelhante a uma teia de aranha recolhido do paciente.

Campo Etérico Geral

Cor	— Roxo nebuloso, embaciado
Luminosidade	— Acima da média
Ritmo	— Levemente disrítmico
Velocidade	— Mais rápida do lado direito do que do esquerdo
Forma	— Mais longa na ponta dos dedos
Textura	— Firme e delicada, fina em alguns pontos com fissuras
Elasticidade	— Média

Função: A tensão no campo etérico é a característica mais importante dessa pessoa; poderá afetar qualquer parte do corpo. O fluxo etérico sobre o chakra coronário e o umbilical é variável.

O Chakra Coronário

Características	Pétalas	Núcleo
Cor	Azul e dourado	Azul e dourado
Luminosidade	Acima da média	Acima da média
Ritmo	Leve disritmia	Rítmico
Velocidade	Acima da média	Média
Tamanho	Normal	Normal
Elasticidade	Média	Mais elástica
Textura	Compacta, fina	Fina, levemente frouxa

Função: O centro coronário etérico estava levemente desenvolvido, o que indicava um início da prática da meditação. O aumento da velocidade bem como a leve disritmia demonstravam o empenho de meditar. Uma leve ligação estava se estabelecendo entre a glândula pituitária e a pineal no nível etérico. O leve vazamento de energia etérica nas pétalas frontais do centro davam origem a dores de cabeça e a uma sensação de pressão na área.

O Chakra Frontal

Características	Pétalas	Núcleo
Cor	Dourado, azul, levemente rosado	Azul brilhante
Luminosidade	Acima da média	Acima da média
Ritmo	Leve disritmia	Rítmico
Velocidade	Acima da média	Acima da média
Tamanho	Médio	Médio
Forma	Normal	Normal
Elasticidade	Acima da média	Acima da média
Textura	Compacta, fina	Compacta, fina

Função: O centro demonstrava estar levemente sob tensão, o que por sua vez produzia uma leve disritmia. Havia também disritmia no ponto em que o chakra frontal está ligado com o coronário.

O Chakra Laríngeo

Características	Pétalas	Núcleo
Cor	Azul-arroxeado, prateado	Azul-arroxeado, prateado
Luminosidade	Acima da média	Mais brilhante do que nas pétalas
Ritmo	Rítmico, porém variável	Levemente disrítmico
Velocidade	Acima da média	Média baixa
Tamanho	Dentro do normal	Levemente mais largo
Forma	Normal	Normal

Elasticidade	Média	Média baixa, justa
Textura	Compacta, fina	Mais compacta e fina

Função: O chakra era levemente mais apertado do que a média no núcleo e irregular quanto ao ritmo e função.
Tireóide: A glândula tireóide estava ligeiramente hiperativa.

O Chakra Umbilical

Características	Pétalas	Núcleo
Cor	Variando de cor-de-rosa escuro a vermelho-pálido — irregular	Mais escuro do que nas pétalas
Luminosidade	Acima da média	Mais brilhante do que nas pétalas
Ritmo	Variável	Variável
Velocidade	Acima da média	Mais rápida do que nas pétalas
Tamanho	Normal	Normal
Forma	Normal	Sem nitidez, vazamentos ocasionais
Elasticidade	Acima da média	Maior do que nas pétalas
Textura	Grosseira, frouxa	Grosseira, frouxa

Função: Variável, afetando a digestão. Sua sensibilidade com relação às outras pessoas é maior através deste centro. Ele se abre no momento da cura.

Bibliografia

Arthur Avalon. *The Serpent Power*. Madras, Índia: Ganesh & Co., 1958.

Lama Anagarika Govinda. *Foundations of Tibetan Mysticism*. Nova York: E. P. Dutton, 1960. (Publicado em português pela Editora Pensamento com o título *Fundamentos do Misticismo Tibetano*.)

Hiroshi Motoyama. *Theories of the Chakras*. Wheaton, IL: Theosophical Publishing House, 1981.

C. W. Leadbeater. *The Chakras*. Wheaton, IL: Theosophical Publishing House, [1927] 1981. (Publicado em português pela Editora Pensamento com o título *Os Chakras*.)

David V. Tansley. *Subtle Body: Essence and Shadow*. Nova York: Thames and Hudson, 1985.

Índice Remissivo

Alma, 21
Amor, 42
Analgésicos, 123-124
Anestesia, 134-136
Animais, chakras, 134; etérico, 134-136; sob anestesia, 135-136
Anormalidades, 15, 86, 87
Anthroposophical Society, 67
Astral, autista, 112; campo, 46; chakras, 51-53; coluna vertebral, 53-54; corpo, 46-51
Autismo, 110-113
Auto: cura, 150; domínio, 139; transformação, 138-141
Avalon, Arthur, 38, 39, 40, 43

Bagnall, Oscar, 69
Bailey, Alice, 68
Benares, 144
Bendit, Phoebe Payne, 57, 58, 67
Besant, Annie, 66
Blavatsky, Helena Petrovna, 65, 66
Bohm, David, 71
Breakthrough to Creativity, 12, 13, 14
Bufferin, 123-124
Bulbo raquidiano, 105, 107

Campo(s), 19, 46; astral, 46; energia, 29; etérico, 19, 29, 80, 120; interação, 33; magnético, 70; mental, 55; modificadores, 120; pessoal, 28, 30, 32
Câncer, 86, 93, 95
Carrell, Alexis, 69

Cayce, Edgar, 69
Cerebelo, 105-107
Cérebro, 89, 105-113; astral, 54, 56; /mente, 56; cirurgia, 90-92, 93; sob anestesia, 134-136
Chakra(s), 35; animais, 134; anormalidades, 15, 86, 87, 129, 153; coração, 41, 52; coronário, 39-40, 52, 88-92, 107; do sacro, 43; e a visualização, 138; e os órgãos físicos, 38; efeitos da meditação, 138; esplênico, 43; estrutura, 35-37; fluxo de energia, 37; frontal, 40-41, 92-94, 140; função, 39; glândulas endócrinas e, 84; harmonia, 84; laríngeo, 41, 52; mental, 55, 56, 59-60; raiz, 44, 53; sistema, 45, 84, 85, 140; subsidiário, 44-45; umbilical, 42-43, 53, 98
Chakra cardíaco, 41-42, 96
Chakra coronário, 39-40, 88, 106; doenças correlatas com, 89-92
Chakra do sacro, 43, 101; doenças, 102-103
Chakra frontal, 40-41, 93, 94, 140
Chakra laríngeo, 41; doenças correlatas, 95-96
Chakra raiz, 44, 103, 104
Cientistas, 23
Circunvolução, pós-central, 111; temporal, 109, 110
Cirurgia, cérebro, 93; efeitos etéricos, 128-136; em animais, 134; tireóide, 95
Clarividência, 23, 41, 73, 84, 120
Coluna vertebral, 44, 106, 107; astral, 53-54
Consciência, 19, 23, 25, 37; campos de, 29; e a matéria, 70, 71; estados no Tantrismo, 43; mudanças na, 138, 142; que desperta, 38, 39
Cores, 37, 47-48, 80
Corpo, 29; astral, 47-51; etérico, 32; mental, 55-58
Corpo causal, 60-61

193

Corpo coccígeo, 103
Corpo físico, 30, 32
Corpo mental, 56, 57; autista, 113; chakras, 59
Corrente sangüínea, 81; vasos, 76
Cotton, Dr. Bert, 134
Criatividade, 41
Cristais, 77
Crookes, *Sir* William, 65, 68
Cura, 13, 143-151, 155; espiritual, 144-148; processo, 139, 140, 143, 147, 148
Curadores, 70, 82, 144-151
Curas, "milagrosas", 144-147
Cushing, Harvey, 98

Descartes, René, 88
Dinamismo, 48
Dislexia, 107-110
Disritmia, 86, 89
Dissonância, 153, 154
Doença(s), 25, 129; causas, 143; chakra coronário, 88-92; chakra frontal, 93-94; chakra laríngeo, 94-96; diabetes insípido, 93; Hans-Schuller-Christian, 94; indicadores, 81; processo, 15, 85-87
Doença de Addison, 98
Doença de Paget, 95
Doyle, *Sir* Arthur Conan, 65
Droga(s), 125-127; efeitos, 123-125

Eddington, A. S., 71
Efeito do observador, 25
Emoção (emocional), 33, 34, 42, 48, 49, 56; distúrbio, 97, 109
Energia(s), 18, 46; campos, 29, 152; cura, 143, 144-151; esgotamento, 33; etérica, 31, 144, 152; fluxo, 33, 106, 107; mental, 55, 56; modificadores, 120-125; padrões, 28-29, 81, 91; transmissão, 36, 147; troca, 19; superior, 32, 46
Enzimas, 70
Epilepsia, 90-92
Esplênico (baço), 100; chakra, 43, 100; doenças, 100
Esquizofrenia, 117, 118-119
Estabany, Cel. Oskar, 70, 150-151
Estado maníaco-depressivo, 116-118
Estresse, 139
Etérico, campo, 31, 120; características, 80-81; cerebelo, 106; chakras, 36, 37; cor, 32;

corpo, 31, 32; duplo, 31; energia, 31, 37, 106; sob anestesia, 134-136; teia, 32, 33
"Eu", 38, 56
Eu, 20, 21, 28, 61
Eu, superior, 61
Evolução, consciente, 39-40

Farrelly, Frances, 74, 148-150
Fatores geológicos, 122
Fenômeno do *stick*, 74
Firsoff, V. A., 78
Formas-pensamento, 57-58
Fukurai, T., 69
Funções, chakra, 39

Galaburdo, Albert, 110
Ganges, cura no, 144
Geologia, fatores da, 122
Glândula(s), cirurgia, 128; endócrina, 38, 84; pineal, 88; pituitária, 92-94; timo, 96-98; tireóide, 94-97
Glândulas paratireóides, 94-95
Glândula pineal, 88
Glândula pituitária, 40, 92-94, 102
Glândula timo, 42, 96-98
Glândula tireóide, 41, 94-95
Glândulas supra-renais, 98, 99
Gônadas, 101
Govinda, Lama Anagarika, 35, 40
Grad, Bernard, 70

Habilidade paranormal, 24, 64, 82, 141
Harary, Keith, 69
Harmonia, 84
Hodson, Geoffrey, 67

Ida, 44, 53, 104
Imagem científica do mundo, 18
Indicadores de diagnóstico, 81-82; método, 80, 81-82
Integração, 42
Interação entre os campos, 35; processo de, 29
Inter-relacionamento, 19

Jantsch, Eric, 19, 70
Justa Smith, irmã, 70

Kappers, 89
Karagulla, Shafica, 7, 8, 11, 12, 43, 155-156
Kemper, Albert, 110
Kilner, Walter, J., 69
Krieger, Dolores, 7, 13, 151
Kuhlman, Kathryn, 82, 127, 144-147, 148
Kundalini, 38, 44, 107
Kunz, Dora van Gelder, 12, 13, 14, 15, 155-156
Kuns, F. L., 66

Leadbeater, Charles, W., 13, 33, 35, 39, 67
Lerner, 88
LeShan, Larry, 71
Leucemia, 100
Linfa, 81
Lótus, 35
Luz, colorida, 121

Magnetismo (magnético), 121; humano, 122; locais, 122
Margenau, Henry, 71
Materiais fabricados pelo homem, 121
Medicina, 25
Medicina holística, 129
Meditação, 52, 138-141
Membros fantasmas, 129-134
Mente, 55, 58; -cérebro, 56; coordenação, 112
Mongolismo, 113-144
Morte, 38
Motoyama, Hiroshi, 35
Mudança(s), 18, 29, 39; através da cura, 146-150; na consciência, 29; no comportamento, 143
Música, efeitos, 109
Movimento harmônico, 37

Nadis, 44
Narcóticos, 124-125
Neal, Violet Petitt, 7, 8, 11, 12

Neurose obsessiva-compulsiva, 114-116
Níveis humanos, 28; natureza, 21, 28; personalidade, 28
Núcleo, chakra, 35, 39; coronário, 39
Núcleo caudal, 106

Observação clarividente, 15, 23; percepção, 73-78; pesquisa, 15-16, 68-70, 72-73, 77-78
Organização, 45
Os Chakras, 39
Osis, Charles, 69
Ossos, 94-96
Ostrander, Sheila, 69
Ovários, 101-103

Padrão(ões), energia, 29; etérico, 31
Paracelso, 46, 65
Paranormal, habilidade, 24, 64, 65; indicadores, 81
Penfield, Wilder, 11, 13, 130
Penrose, Evelyn M., 69
Percepção, sensorial superior, 11-14, 23, 24, 38, 72-78, 141-142, 153
Personalidade, 28, 154
Pesquisa, clarividente, 15, 16, 23, 72-78
Pingala, 44, 53, 104
Prana, 31, 100
Processo, doença, 15, 84-88; multidimensional, 19
Psiquismo, 65
Puharich, Andrija, 69
Puthoff, Harold, 69, 77

Radioatividade, 65, 120, 153-154
Radiônico, 74
Rama, Swami, 35
Reencarnação, 61
Reflexo auditivo, 108-109
Rhine, J. B., 23
Ritmo, 37, 52
Rotação, chakra, 37
Rubores, 102, 103

Sahasrara, 39
Saúde, 138, 143, 154, 155
Schroeder, Lynn, 69

Schroedinger, Erwin, 71
Schwartz, Stephan A., 69
Sellon, Emily, 8, 12
Sensitivos, 24, 25
Sentido(s), físico, 22; superior, 23-24
Sentimento, 46
Serpent Fire, The, 38, 39, 43
Símbolos, 139
Síndrome de Down, 113-114
Sistema endócrino, 38
Sistema imunológico, 96-97, 100, 140
Sistemas vivos, 18, 19
Smith, Irmã Justa, 70
Som, efeitos, 121-122
Steiner, Rudolf, 67
Sushumna, 44, 53, 104, 107
Swedenborg, Emanuel, 65

Tálamo, 106, 118
Tantrismo, budista e indiano, 35, 36, 41, 43, 44
Targ, Russell, 69
Taylor, John, 69
Tesla, Nikola, 68
Thorazine, 124-125
Toque Terapêutico, 7, 13, 23, 156
Toxicomania, 125-127
Transe, mediúnico, 82-83
Transplante de rim, 128, 129
Tubérculos quadrigêmeos, 108-110

Úlceras, 76, 99
Umbilical (plexo solar), 42, 98; doenças, 98, 99-100
Unidade, 138, 155; "pessoal", 155

Varanasi, 144
Vida, 19-21, 78; humano, 20
Visão, 109-110
Visualização, 41, 58-59, 86, 121, 129, 138-141
Vitalidade, 43
von Reichenbach, Karl, 68, 122

Wald, George, 70
Weule, David, 134, 135
Wilkins, *Sir* George Hubert, 69

CONHEÇA os centros magnéticos vitais do ser humano.

Chakras são os centros magnéticos vitais, que fazem parte da natureza oculta do ser humano. O seu estudo é deveras proveitoso e fascinante. Despertar e ativar sucessivamente cada um dos sete *Chakras,* pela meditação e força de vontade, e segundo o método seguro indicado pelo autor, é abrir-nos as portas de um novo mundo, até aqui fechados em nosso eu interior.

Este livro ensinará os leitores a desenvolver progressivamente os seus centros magnéticos vitais, o que lhes proporcionará uma vida mais completa, mais feliz e espiritual.

EDITORA PENSAMENTO

Os Chakras

TEORIA DOS CHAKRAS

Hiroshi Motoyama

O interesse dos ocidentais pelos chakras foi despertado, em grande parte, pelos trabalhos de Charles W. Leadbeater, cuja obra é analisada pormenorizadamente neste livro, junto com a de outros videntes e iogues de grande relevância.

Centros de energia que formam um elo entre o corpo físico e o corpo astral, os chakras são indispensáveis para a boa saúde física, emocional e mental das pessoas. Por meio de exercícios intensivos de ioga, explicados neste livro, o Dr. Hiroshi Motoyama conseguiu tomar plena consciência de seus chakras, cuja atividade hoje pode ser medida cientificamente graças a um aparelho de sua invenção, capaz de registrar as modificações no campo eletromagnético do corpo humano.

Formado pela Universidade de Tóquio, o Dr. Hiroshi Motoyama é Ph. D. em Filosofia e Psicologia Clínica. Seus esforços no campo da ciência resultaram na organização do Instituto de Psicologia Religiosa e na Associação Internacional de Religião e Parapsicologia, organização internacional cujos membros realizam pesquisas e estudos relacionados com essas áreas. Em reconhecimento pelos seus trabalhos, a UNESCO elegeu-o, em 1974, um dos dez parapsicólogos mais importantes do mundo. Ele também é reverenciado por diversas organizações científicas e serve como consultor em algumas associações e institutos de renome internacional.

EDITORA PENSAMENTO

Impresso por :

gráfica e editora

Tel.:11 2769-9056